Dramâu'r Rhosys Cochion

Ede Hud
Holl Liwie'r Enfys
Trafaelu ar y Trên Glas

gan
Sharon Morgan

Cyhoeddwyd gyntaf yn 2023
gan Honno
D41, Adeilad Hugh Owen, Prifysgol Aberystwyth,
Aberystwyth, Ceredigion, SY23 3DY

www.honno.co.uk

ISBN: 978-1-912905-49-2
e-lyfr ISBN: 978-1-912905-50-8

Llun y clawr: *Ede Hud*, Eisteddfod Casnewydd, 2004: Sharon Morgan
Ffotograffydd: Carwyn Evans

Cysodydd: Tanwen Haf
Dylunydd y clawr: Siôn Ilar
Argraffwyd: 4Edge

DRAMÂU'R RHOSYS COCHION:

Ede Hud,
Holl Liwie'r Enfys,
Trafaelu ar y Trên Glas

Sharon Morgan

honno

Cynnwys

Rhestr o Luniau

Llun y clawr. *Ede Hud*
Eisteddfod Casnewydd, 2004: Sharon Morgan
(llun: Carwyn Evans)

Diolchiadau

Diolch o galon i Sera Moore Williams am awgrymu y dylid cyhoeddi'r dramâu ac am ei holl gefnogaeth wrth gyflwyno'r gwaith i Honno.

Diolch i Honno, ac yn arbennig i Jane Aaron, am gytuno i gyhoeddi'r gwaith.

Diolch i Catrin Edwards, cyd-sefydlydd Rhosys Cochion, i Ceri James a Leighton Thomas-Burnett am y goleuo, i Geraint Chinnock am fod yn rheolwr llwyfan, i Penni Bestic, Rhys Jarman a Jane Linz Roberts am ddylunio, ac i Daniel Young a James Tyson yng Nghanolfan Gelfyddydau Chapter yng Nghaerdydd. Diolch hefyd i Andy Dark am ei gymorth gyda'r ffotograffau.

Diolch i Gyngor Celfyddydau Cymru am y gefnogaeth ariannol

Diolch i'r trefnwyr a'n croesawodd ni i'w canolfannau ar hyd a lled Cymru.

Diolch i gynulleidfaoedd y canolfannau hynny.

Hoffwn gyflwyno'r gyfrol i'm mhlant, Steffan a Saran.

Rhagair
Sera Moore Williams

Gan ddilyn cyhoeddi *Theatr Y Gymraes* gan Honno yn 2020, mae'r gyfrol hon yn gyfle i roi sylw i waith dramodydd benywaidd arall ac unwaith eto mae testunau'r gyfrol hon yn cyfeirio at y profiad diwylliannol o fod yn fenyw ac yn Gymraes, ac at yr estheteg fenywaidd sydd yn cydnabod y corff benywaidd fel gwraidd creadigrwydd.

Does dim amheuaeth mai dramâu gan ddramodwyr gwrywaidd a ystyrir fel y canon yng Nghymru (er nad yw Cymru'n ddim gwahanol i weddill y byd yn hynny o beth, mae'n siŵr). Caiff canon ei ddiffinio fel y gweithiau sy'n cynrychioli'r gorau o ba bynnag faes mewn unrhyw gyfnod o amser, ac felly daw'r dramâu a berthyn i ganon yn llinyn mesur. Y canon sy'n gosod y rheolau, os liciwch chi, ar gyfer pawb arall. Rydym yn astudio dramâu'r canon, yn dysgu i'w dadansoddi ac i'w dynwared yn ddiderfyn, ac mae'r 'clasuron' hyn, ys gelwir hwy, yn cael eu hatgyfodi droeon sy'n cadarnhau eu rhagoriaeth. Tra gellid dadlau bod y sylw a roddir i waith unrhyw ddramodwyr sydd heb eu cynnwys yn ein canon (sef y mwyafrif ohonynt) yn gymharol isel yng Nghymru, mae'r diffyg sylw i waith menywod yn rhyfeddol. Anodd, ar sail dim ond y dramâu a gyhoeddwyd a'r hyn sydd wedi ei gyhoeddi am ddramâu a dramodwyr, yw cynnig tystiolaeth a thrafod cyfraniad menywod fel dramodwyr o gwbl, heb sôn am fel dramodwyr o bwys. Amser i lunio canon newydd ar gyfer y dyfodol, ddwedwn i!

Mae dramodwyr benywaidd yn bodoli (wir i chi) ac mae mwy ohonynt erbyn hyn, ac er fy mod yn datgan y gor-amlwg, efallai, mae cydnabod a chynnwys, mewn modd hafal, waith gan fenywod fel rhan o'r hanes ac o'r drafodaeth am y theatr yng Nghymru yn gam hanfodol bwysig ymlaen. Mae dramâu Sharon Morgan yn llawn haeddu bod yn rhan o ganon newydd, o safbwynt ansawdd cywrain yr ysgrifennu a'r llais unigryw, deallus (a deallus am theatr) a gwleidyddol sy'n perthyn iddynt, ond maent hefyd yn bwysig am resymau eraill. Maent yn cynnig cipolwg ar fywydau anweledig menywod cyffredin (os oes ffasiwn beth) yng Nghymru. Mae'r dafodiaith y mae Sharon yn ei defnyddio yn gwneud y dramâu yn bwysig hefyd wrth i'n hiaith newid a'n tafodiaith bylu. Mae'r arddull, yn ogystal â'r themâu, yn fenywaidd (er bod y themâu mewn gwirionedd o bwys i bawb). Nid yw'n defnyddio ffurf liniol gonfensiynol o gyfathrebu na chwaith ffurf drama draddodiadol gyda dechrau, canol a diwedd taclus. Does dim cwestiwn ac ateb taclus yn perthyn i'r gwaith. Mae'r dramâu yn llifo yn farddonol o un foment i'r llall a'r rhythmau a'r delweddau yn effeithiol yng ngwir ystyr y gair. A pham lai? Nid llunio cymeriadau a deialog i wasanaethu plot yw'r unig ffordd o greu drama. Mae theatr yn llawn posibliadau. Mae rhai dramodwyr gwrywaidd yn ysgrifennu fel hyn hefyd, wrth gwrs (a menywod yn gwneud y gwrthwyneb), ond mae ffurf fenywaidd o ysgrifennu sy'n wahanol (nid yn waeth nag yn well o reidrwydd) i'r hyn sy'n cael ei chydnabod fel y ffordd iawn o wneud pethau.

Edrychaf ymlaen at lewyrch newydd ar y theatr yng Nghymru wedi ei seilio a'i ysbrydoli gan ymwybyddiaeth a dealltwriaeth lai unochrog, fwy cynhwysol, o'r hanes hyd yma fel sail i beth bynnag a ddaw. A gobeithiaf y bydd cyfleoedd a rhyddid i bawb ddynwared neu gael gwared fel bo'r awen yn taro – ac y bydd parch tuag atynt am wneud.

Cyflwyniad
Sharon Morgan

Ysgrifennais y dramâu rhwng 1996 a 2008. Fy mwriad oedd creu gwaith arwyddocaol a fyddai'n rhoi bywydau menywod ar ganol y llwyfan, yn llenwi bwlch o ran arlwy'r theatr yng Nghymru, ac yn ysgogi trafodaeth am le menywod o fewn ein cymdeithas mewn ffordd berthnasol i'n diwylliant. Fy ngwaith cyntaf gwreiddiol fel dramodydd oedd *Ede Hud*, ac roedd cyrraedd y foment anhygoel honno pan allwn godi fy llais yn gyhoeddus wedi bod yn siwrne hir a throellog. Ro'n i wedi bod yn cadw dyddiaduron ers pan o'n i yn fy arddegau, wedi ysgrifennu barddoniaeth a syniadau mewn llyfrau nodiadau erioed, ond fe'u bwriadiwyd ar gyfer cynulleidfa o un, sef fi fy hun. Erbyn i mi gyflawni'r hyn oedd wedi bod yn ffrwtian o dan yr wyneb ers peth amser, ro'n i yn fy mhedwardegau. Roedd rhan ohonof wedi bod yn ysu am ysgrifennu dramâu droeon wrth i mi, fel actores, ddadansoddi dramâu awduron eraill, yn enwedig y modd y portreadwyd y cymeriadau benywaidd. A minnau wedi bod yn actio'n broffesiynol ers ugain mlynedd sylweddolais nad oedd gwella i fod er gwaethaf dylanwad yr ail don o ffeministiaeth, a gyrrwyd fy rhwystredigaeth i'r pen. Penderfynais gymryd cam tuag at unioni'r sefyllfa. Fy anniddigrwydd gyda'r math o rannau oedd yn cael eu cynnig i mi a'r ffaith nad oedd profiadau menywod i'w gweld ar ein llwyfannau oedd y prif ysgogiad ond fe'm gwthiwyd i dros y dibyn gan ddau ddigwyddiad arwyddocaol.

Yn 1992, a minnau wedi bod ynghanol bwrlwm gwaith ar gyfer

y teledu yn bennaf ers peth amser, ces gyfle i weithio gyda chwmni theatr rhyngwladol Magdalena a sefydlwyd ym 1986 yng Nghaerdydd i roi mynegiant i leisiau menywod. Byddai'r tair wythnos o ymarferion yn Aberystwyth yn arwain at berfformiad yn ystod yr Eisteddfod Genedlaethol yn y dref honno a'r gwaith yn cael ei seilio ar ein profiadau personol ni'n hunain fel menywod. Am y tro cyntaf, yn hytrach na dod o hyd i ffordd o roi mynegiant i weledigaeth rhywun arall, creu cymeriad ar sail geiriau rhywun arall, creais fy ngeiriau fy hun, o fewn strwythur wedi ei greu yn fwriadol er mwyn dod o hyd i'r hyn a oedd gan fenywod i ddweud. Roedd yn troi fy mhroses arferol i fel actores ar ei phen ac fe agorwyd drws creadigol newydd, bron yn ddiarwybod i mi.

Ddwy flynedd yn ddiweddarach, yn 1994, gofynnodd y dramodydd Ian Rowlands i mi greu monolog ar gyfer ei gwmni Theatr y Byd a oedd am deithio pedair monolog o dan y teitl *Pedwarawd*. Ysgrifennu gwaith fyddai'n sicr o gael ei berfformio ar lwyfan oedd yr ysgogiad ymarferol a oedd angen arnaf i wireddu fy uchelgais. Roedd yr athronydd Simone de Beauvoir, awdur *Le Deuxième Sexe/The Second Sex* wedi bod yn ysbrydoliaeth i fi ers y saithdegau, a dyma gyfle i gyflwyno ei syniadaeth ar ffurf theatrig. Penderfynais addasu stori fer o'i heiddo, *La Femme Rompue/Y Fenyw Ddrylliedig*, ar gyfer y llwyfan a'i henwi'n *Gobeithion Gorffwyll a Breuddwydion Brau*. Gwnaeth y broses o'i haddasu a'i pherfformio fel sioe un fenyw fy ngalluogi i fynd yn fy mlaen i greu gwaith gwreiddiol, ond bu'n sawl blwyddyn cyn i mi lwyddo i gymryd y cam hwnnw, ac roedd hi'n 1997 cyn i sgript gyflawn *Ede Hud* weld golau ddydd.

Roedd ysgrifennu *Ede Hud* yn broses raddol, trwy hap a damwain, bron, mewn ffordd organig a thros gyfnod hir. Yr angen i greu rhywbeth i lenwi bwlch ar gyfer perfformiad yng Ngŵyl Gelfyddydol Menywod De Morgannwg yn Theatr y Sherman oedd yr hedyn cychwynnol. A minnau'n methu perfformio *Gobeithion Gorffwyll* yn yr ŵyl am fy mod i'n ei pherfformio yn y Sherman ymhen pythefnos, roedd rhaid creu rhywbeth ar frys. Penderfynais ysgrifennu am fy mhrofiad o fod yn Gymraes, gan gyfuno dau beth a oedd wedi bod yn fy mhoeni'n fwyfwy.

Roedd syniadaeth ffeministiaeth yn ymylol iawn i'r profiad Cymraeg yn ystod y nawdegau, yn cael ei hystyried, bron, yn wrth-Gymreig, yn ideoleg estron a oedd yn cael ei gorfodi arnom ni o Loegr. Mewn digwyddiadau i drafod bywydau menywod a'u hawliau yn ystod y cyfnod hwnnw, byddai'r Cymry gan amlaf yn y lleiafrif, a minnau'r unig Gymraes Gymraeg, neu ar y gorau yn un o ddwy neu dair a fyddai'n rhan o'r sgwrs. Ar y llaw arall roedd y syniad o Gymreictod, o Gymru fel gwlad ar wahân, yn gwbl ddieithr i fy nghynulleidfa o ffeministiaid na fyddai'n gwybod nemor ddim am Gymru, ei hanes a'i diwylliant. Roedd yn gyfle perffaith i gyfuno fy Nghymreictod a'm ffeministiaeth, i holi sut gallwn drosglwyddo'r hyn ro'n i'n ei gymryd yn ganiataol i'r gynulleidfa arbennig hon; i holi beth yn union oedd Cymraes.

Mae pobl mewn gwledydd wedi eu gwladychu yn teimlo angen cryf i ofyn y cwestiwn 'pwy ydw i?' Mae'n anochel bod y rhai sy'n arfer â byw o dan ormes yn teimlo ansicrwydd ac amwyster o ran eu hunaniaeth. Mae menywod Cymraeg wedi byw o fewn hualau deublyg erioed, trwy fod yn rhan o genedl fach wedi ei rheoli gan wlad fwy pwerus a thrwy fyw o dan sawdl rheolau patriarchaeth. Y rhai sydd â'r grym sy'n pennu'r rheolau o dan y drefn hon, ac mae hyn yn herio hunaniaeth y rhai a ormesir. Gall nacáu neu, hyd yn oed, ddifodi'r hunaniaeth honno, wrth i'r rhai a ormesir geisio dod o hyd i le diogel yn ddiwylliannol. Sut allwn ni wybod pwy y'n ni go iawn mewn trefn debyg? Oes rhaid gwadu'r hyn a deimlwn yn reddfol, ym mêr ein hesgyrn, yn gyson, er mwyn byw o fewn y drefn? Sut ac o ble daw'r lleisiau fydd yn rhoi mynegiant i'r hyn a deimlwn ond na allwn ei leisio? Mae'r sefyllfa yn creu tensiwn parhaus, ac yn arwain y rhai a ormesir i greu is-fyd cudd o dan yr wyneb cyhoeddus cymdeithasol. Wrth reswm dim ond y rhai sy'n byw'r bywyd cudd hwn o ddydd i ddydd sy'n ymwybodol ohono. O'r man cychwyn hwnnw, wrth ofyn cwestiwn elfennol am fy hunaniaeth, er mwyn ei hesbonio i gynulleidfa ehangach, tyfodd y tair monolog sy'n cael eu cyhoeddi yma. Wrth geisio rhoi llais i'r menywod sy'n ymddangos ynddyn nhw, llwyddais i roi llais i mi fy hun fel dramodydd.

Archwiliais fy mhrofiad uniongyrchol fy hun wrth bendrymu sut gallwn i greu cyflwyniad o fewn wythnos ar gyfer y perfformiad yn yr ŵyl gelfyddydol yn y Sherman. Ceisiais gofio beth a drosglwyddwyd i mi gan y menywod yn fy nheulu, a'r peth cyntaf a ddaeth i fy meddwl o ran delwedd oedd gardd fy mam-gu, un rhan o dair o erw doreithiog o flodau a ffrwythau a llysiau a oedd yn destun rhyfeddod i mi, ac i lawer a ddeuai o bell i'w gweld. Ysgrifennais bytiau, yn Saesneg, yn portreadu merch fach yn eistedd mewn gardd yn dyst i fywydau'r menywod yn ei theulu, a'u defnyddio i gyflwyno pynciau perthnasol ym marddoniaeth ffeministiaid fel Menna Elfyn a Penny Windsor o Gymru, Michelene Wandor o Loegr a Susan Griffin ac Erica Jong o America. Yn *Ede Hud* roedd cerdd Susan Griffin 'Love should grow up like a wild iris in the fields' yn arbennig o ddylanwadol wrth grisialu gwaddol y menywod yn fy nheulu. Dewisais yr enw *Ede Hud* i gynrychioli'r hyn a oedd yn fy nghysylltu gyda bywydau'r menywod hyn, sef edafedd brau a hardd ond gwydn wedi eu gweu yn gylchoedd. Cafodd y ddrama dderbyniad gwresog, ac yn dilyn y dechreuad lleiaf hwn, ymestynnais y gwaith. Perfformiais yng nghyngerdd *Sêr yn Salem* yng nghapel Salem, Treganna, y Nadolig hwnnw gan gyfieithu'r farddoniaeth a'r pytiau am y ferch fach.

Ym 1995, ganwyd fy merch, Saran. Bum wythnos yn ddiwedd-arach, pan es i nôl i weithio, daeth Saran gyda mi, er mwyn i mi fedru parahau i'w bwydo o'r fron. Cyflwyno *Codi Clawr Hanes*, cyfres oedd yn olrhain hanes rhyw a rhywioldeb menywod yn ystod Oes Fictoria, oedd y gwaith hwnnw ac fe dreuliodd Saran ran helaeth o'i blwyddyn gyntaf gyda mi wrth i mi ffilmio. Mae'n siŵr fod elfen o'r profiad hwnnw wedi ei fwydo i hanfod *Ede Hud* heb yn wybod i mi wrth i mi weithio arno ar gyfer darlleniad yn Awr yr Actorion yn Theatr Fach y Maes yn Eisteddfod Llandeilo yn 1996. Dyma oedd yr ysgogiad ymarferol nesaf a oedd ei angen er mwyn i mi barhau i ddatblygu'r gwaith.

Wrth edrych nôl, dwi'n gweld bod y datblygu araf hwn wedi bod yn allweddol wrth i mi adeiladu ffydd yn fy ngallu i greu gwaith gwreiddiol. Roedd gwahaniaeth sylfaenol rhwng perfformio addasiad o waith Simone de Beauvoir a pherfformio fy ngeiriau fy hun ar lwyfan. Dwi'n gwybod erbyn hyn fod gwylio pobl eraill yn perfformio eich gwaith yn gallu bod yn brofiad yr un mor anodd, bron, â'i berfformio eich hun, ond ar y pryd, am mai y fi a fyddai'n dweud y pethau hyn ar y llwyfan, teimlwn fy mod i'n dinoethi fy hun yn llwyr, heb ffilter na rhwyd, ac roedd yn deimlad brawychus. Doedd dim troi nôl, serch hynny: roedd fy awr ar lwyfan Theatr Fach y Maes wedi ei bwcio, roedd fy enw yn y rhaglen, ac ar ben hynny, roedd yna dâl – o dri chan punt. Unwaith eto byddai'r ysgogiad ymarferol yn sicrhau bod rhaid cyflawni'r gwaith. Ysgrifennais fwy ac es ati i greu tâp cefndirol (yn stiwdio sain fy ffrind, Lawson Dando) o synau'r môr a'r gwynt, a sibrydion lleisiau, a darnau bach o'r hwiangerddi a'r emynau sydd wedi ei brodio trwy'r gwaith. Gofynnais i Firenze Guido (cwmni syrcas No Fit State erbyn hyn) i gyfarwyddo, ac er nad oedd hi'n siarad Cymraeg, ar ôl clywed y cyfieithiad, dywedodd 'Shoes, I see shoes,' a gosodwyd tri phâr ohonynt – sgidiau gwaith, sodlau uchel, a sgidiau babi – ar y llwyfan. Rhoddodd Chapter ystafell ymarfer i ni am ddim, a llwyddais i dalu rhyw gyfran o'r tri chan punt i bob un o'r criw.

Cyflwynais y darlleniad i gynulleidfa o ffrindiau yn Chapter y noson cyn y perfformiad yn Theatr Fach y Maes, a chael ymateb cadarnhaol (fel a gafwyd yn Llandeilo drannoeth). Sylweddolais ar ôl y cyflwyniad hwnnw fod gen i hawl i ddweud beth bynnag a fynnwn ar lwyfan, yn gyhoeddus, a doedd dim ots beth fyddai barn unrhyw un am y cynnwys, nac am y ffaith fy mod i'n dewis ei ddweud. Disgynnodd rhyw wal a oedd wedi bod rhyngof i a'm ffydd yn fy ngallu i ysgrifennu, a dyna ddechrau fy siwrne tuag at greu fy ngwaith fy hun. Ro'n i am ei ddatblygu ymhellach, ac roedd y cyfarwyddwraig a'r cerddor Catrin Edwards, hen ffrind i mi, wedi mwynhau'r dangosiad yn Chapter ac eisiau ei gyfarwyddo. Gwnaethom gais llwyddiannus am grant prosiect o fil o bunnoedd i Gyngor Celfyddydau Cymru; ymestynnais y gwaith ymhellach fyth; sefydlwyd Cwmni Theatr Rhosys Cochion, ac ym mis Hydref 1997, ar ôl ymarfer yn Chapter am wythnos, aethom ag *Ede Hud* ar daith i Gaerfyrddin, Pontypridd, Brynaman a Chaerdydd a chael ymateb gwych.

Yn sgil *Ede Hud* daeth *Holl Liwie'r Enfys* wyth mlynedd yn ddiweddarach yn 2005, ar ôl i mi addasu *The Vagina Monologues* gan Eve Ensler (a deithiodd dan yr enw *Shinani'n Siarad* yn 2003), a daeth *Trafaelu ar y Trên Glas* wedyn yn 2008. Roedd y gwaith yn ysbeidiol oherwydd yr angen i wneud gwaith arall a fyddai'n talu'r biliau. Does dim modd byw ar gyllidebau grantiau prosiect – nawdd i greu cynyrchiadau dros gyfnodau byr ydynt – ond roedd hwn yn waith pwysig ac ystyrlon i fi yn artistig, emosiynol a gwleidyddol.

Nid fel trioleg y cynlluniwyd y dramâu: doedd dim bwriad ysgrifennu'r ddwy arall, ond fe ddilynon nhw *Ede Hud* yn gwbl naturiol. Gan ddefnyddio'r un fformat gofynnais yr un cwestiwn creiddiol am sut crëwyd fy hunaniaeth a sut mae menywod yn mynd ati i greu ystyr i'w bywydau o fewn normau patriarchaeth. Mae nhw'n gysylltiedig â'i gilydd, er bod y tair yn sefyll ar eu pennau eu hunain fel gweithiau ar wahân sydd wedi eu gwreiddio mewn lleoedd cwbl wahanol yn ddaearyddol, emosiynol a diwylliannol.

Lleolir *Ede Hud* yng nghwm glofaol Dyffryn Aman wrth droed y Mynydd Du, lle bu gwreiddiau fy nheulu ers canrifoedd. Lleolir *Holl Liwie'r Enfys* yn Llandyfaelog, y pentref bach gwledig yn ne Sir Gaerfyrddin lle'm magwyd, a *Trafaelu ar y Trên Glas* yng Nghaerdydd, y ddinas sydd wedi bod yn gartref i mi ers deugain mlynedd. Lleolir y tair yn emosiynol a diwylliannol yn ystod cyfnodau o newid mawr ym mywyd menyw, sef plentyndod cynnar, yr arddegau a chyfnod canol oed. Nid yw'r dramâu yn hunangofiannol, er fy mod i wedi tynnu'n helaeth ar fy mhrofiadau personol ac ar yr hyn a ddysgais wrth sylwi a gwrando ar fy mam a fy mam-gu, ac ar fenywod eraill yn fy nheulu a thu hwnt ac ar y straeon a glywais ganddynt. Ceisiais edrych ar y dystiolaeth hon mewn ffordd wrthrychol, gan greu tudalen wag i'w llenwi, yn rhydd o unrhyw ddylanwadau personol neu ddiwylliannol. Seiliais y gwaith ar y ffynonellau uniongyrchol hyn, gan ymdrechu i ddadansoddi o'r newydd yr hyn a gafodd ddylanwad pellgyrhaeddol arnaf.

Yn y byd cyfalafol sydd ohoni, arferwn ddiffinio ein hunain yn ôl ein gwaith oherwydd dyna linyn mesur y byd hwnnw o werth a chyfraniad yr unigolyn at gymdeithas. Fe'm diffiniwyd i gan waith fy nhad-cu, y glöwr, a gan waith fy nhad, y prifathro, gan nad oedd fy mam-gu na fy mam yn gweithio tu allan i'r cartref. Bychenir y gwaith ymarferol domestig sydd yn digwydd yn y cartref ac yn cael ei gyflawni gan fenywod er ei fod yn gwbl angenrheidiol er mwyn cynnal cymdeithas. Diystyrir hefyd bŵer cyfraniad a dylanwad emosiynol a diwyllianol menywod wrth fagu plant. Wrth ymchwilio, sylweddolais mai'r menywod yn fy nheulu a ffurfiodd fy hunaniaeth. Sylweddolais hefyd fy mod i, er gwaethaf fy naliadau ffeministaidd, wedi diystyru dylanwad anferthol profiadau'r bywyd benywaidd hwnnw, yn y cwm glofaol lle magwyd fy rhieni, yn y pentref gwledig lle'm magwyd i, ac yn y ddinas wrth i mi heneiddio. Roedd archwilio hyn yn agoriad llygad i fi yn bersonol, ac roeddwn am drosglwyddo hynny i'r gynulleidfa.

O ran lleoliad mewn amser, mae *Ede Hud* yn ymestyn o 1850 hyd at 1956, *Holl Liwie'r Enfys* o 1957 i 1967, a *Trafaelu ar y Trên Glas* yn digwydd ar ddechrau'r unfed ganrif ar hugain. Ond mae'r dair yn ymestyn tu hwnt i'r ffiniau amser hyn, trwy lais y Traethydd anweledig, sy'n gweld y cyfan o bellter, ac mae'r dair yn ymgais i drafod yr hyn sy'n oesol yn ein bywydau fel menywod wrth i ni geisio byw o dan drefn patriarchaeth.

Cwm bach yn nwyrain Sir Gaerfyrddin yw Dyffryn Aman, lleoliad *Ede Hud*, ac fe allaf olrhain fy achau yno ar y ddwy ochr yn ôl i'r ddeunawfed ganrif, i ffermydd a thyddynnod ar lethrau'r Mynydd Du, ac yna i'r diwydiant glo a thun. Er na fûm i'n byw yno ond am gyfnod byr, a hynny pan o'n i'n dair oed, yno y treuliais y rhan helaethaf o'm gwyliau ysgol, ac mae hanesion y teulu wedi bod yn rhan annatod ohonof erioed. Nid oedd y straeon a glywais i gan fy mam a'm mam-gu yn portreadu'r tlodi, y diffyg addysg, maint y teuluoedd, y gwaith trwm domestig, mewn goleuni negyddol, ond yn hytrach roedden nhw'n ddathliad o fywydau'n llawn pwrpas ac egni, a'r peth cyntaf a drawodd fi wrth gychwyn ysgrifennu *Ede Hud* oedd pa mor bwerus oedd fy nelwedd o'r menywod hyn a oedd 'dim ond' yn gweithio yn y tŷ, heb fod yn rhan o'r byd cyhoeddus swyddogol. Wrth ofyn beth oedd yn eu cynnal nhw ac o ble ddaeth eu pŵer, sylweddolais eu bod nhw'n creu bywydau amgen, creu byd o fewn byd, a oedd yn gwyrdroi pŵer patriarchaeth.

Er ei bod hi'n sylwi ar eu pŵer, mae'r ferch fach hefyd yn gwybod bod llawer iawn o dalentau'r menywod heb gael eu mynegi, eu bod wedi eu cuddio'n 'ddwfwn yn y ddaear', ac yn deall o stori'r fenyw yn tynnu ei dillad ar ben y mynydd fod disgwyliadau'r gymdeithas yn cyfyngu ar ei rhyddid, ac mae'r ffaith ei bod hi'n methu dianc yn is-destun i'r cyfan. Mae eu bywydau'n argyhoeddi'r ferch fach fod modd iddi gyrraedd y sêr ei hun, yn union fel galluogwyd hi i'w wneud gan ddiod hud ei mam-gu, ac mae'r straeon yn ei hysbrydoli i ddod â'r hyn a oedd yn anweledig yng ngolwg y byd, i anrhydeddu bywydau'r menywod 'di-nod' hyn, trwy fynd ar ei thaith ei hun.

Lleoliad *Holl Liwie'r Enfys* yw pentref bach Llandyfaelog, lle'm magwyd i, yng nghanol tir ffrwythlon amaethyddol de Sir Gaerfyrddin. Dim ond rhyw ugain tŷ oedd yn y pentref yn ogystal â gefail y gof, gweithdy saer, dwy fferm a oedd hefyd yn dafarndai, eglwys, ficerdy, capel, swyddfa bost a oedd hefyd yn siop, ac ysgol a thŷ'r ysgol, lle ro'n i'n byw. Roedd y pentref wedi ei amgylchynu gan ffermydd, ac roedd y ffaith mai 'Nhad oedd yr ysgolfeistr a bod gwreiddiau fy nheulu yn y gymdeithas lofaol, yn ogystal â'r ffaith mai Saesneg oedd iaith yr aelwyd yn bennaf (er bod pawb ohonom yn gallu siarad Cymraeg) yn ein gosod ar wahân i ryw raddau.

Wrth ailymweld â'r cyfnod i ofyn y cwestiynau 'Pwy ydw i?' a 'Sut ffurfiwyd fy hunaniaeth yn fy arddegau?', fe'm syfrdanwyd pan sylweddolais gymaint ro'n i'n ei gymryd yn ganiataol yng nghyddestun hunaniaeth fenywaidd. Roedd strwythur canoloesol, bron, i fywyd y pentref, strwythur a bennwyd gan y calendr amaethyddol a'r gwyliau eglwysig ac a roddai bwyslais ar rôl draddodiadol y fenyw. Mae'r ferch ifanc yn cyfranogi'r tro hwn yn hytrach na gwylio o'r ymylon, ac yn tyfu'n gymeriad mwyfwy gweithredol wrth i'r ddrama fynd yn ei blaen. Tu hwnt i'r cartref mae dylanwad y menywod o fewn y gymuned, ynghyd â'r sefydliadau addysgol a chrefyddol, yn bwerus dros ben, ond tu hwnt i'r difyrrwch a'r harddwch, mae islais o drais a chaethiwed. Mae deuoliaeth ynghlwm â phob sefyllfa, pob cyfarfyddiad, bron, â'r ferch ifanc yn teimlo ei bod hi'n colli ei hunan wrth i'r pwerau cyfarwydd geisio siapio ei hunaniaeth mewn gwrthgyferbyniad llwyr â'i greddf a'i hysfa i reoli ei ffawd wrth i'w chorff newid. Mae'n chwilio am ffyrdd i ddianc dro ar ôl tro ond, yn y pendraw, yr unig ateb dilys yw dod o hyd i'w llais ei hun. Er bod y ddrama wedi ei gosod ym mhumdegau a chwedegau'r ganrif diwethaf, mae'r hyn mae'r ferch yn ei brofi o fewn cymdeithas batriarchaidd yn dal yn berthnasol heddiw, er gwaethaf y newidiadau cymdeithasol a gwleidyddol a oedd yn cyniwair yn y cyfnod o dan sylw yn *Holl Liwie'r Enfys*, ac mae'n dal yn rheidrwydd arnom ni fel menywod i weiddi nes 'dino'r Capten sy'n cysgu ar ei long' (tud. 131).

Lleolir *Trafaelu ar y Trên Glas* yng Nghaerdydd. Yn dilyn cyfnod yn y brifysgol yno, ynghyd â chyfnod arall ar ddechrau'r saithdegau, ymgartrefais yn y ddinas yn barhaol pan o'n i'n dri deg dau mlwydd oed, dros ddeugain mlynedd yn ôl erbyn hyn. Yn y ddrama, serch hynny, nid oes gan y dirwedd na'r gymdeithas ddinesig ddylanwad penodol ar y fenyw. Yn hytrach mae hi'n tyrchu tu fewn i'w phen ei hun wrth ofyn y cwestiwn creiddiol am ei hunaniaeth, 'Pwy ydw i nawr?' Tyfodd y ddrama'n uniongyrchol o'r profiad o golli fy mam pan o'n i'n hanner cant, profiad a yrrodd yr holl gwestiwn ynglŷn â'm hunaniaeth i gyfeiriad cwbl newydd. Mae'r fenyw yn myfyrio ar ystyr bywyd a marwolaeth a'r hyn mae strwythurau patriarchaeth yn ei ddisgwyl gan fenyw wrth iddi dyfu'n hŷn. Mae'n brwydro yn erbyn y normau cymdeithasol sy'n cael eu gorfodi arni, wrth iddi sylweddoli bod yn rhaid iddi ddal i chwilio am lwybrau tuag at ryddid a hunan fynegiant.

Mae hyn yn peri iddi ystyried y newidiadau corfforol anferthol mae menyw yn gorfod dygymod â nhw ar hyd ei hoes. Mae'r wyrth o dyfu person cyfan go-iawn tu fewn i'w chorff, poen a straen y geni, poen y mislif a heriau'r menopôs yn rhan o stori ei bywyd, ond prin yw cydnabyddiaeth a gwerthfawrogiad y gymdeithas batriarchaidd o hyn. Mae'n gweld fod ymgais y gymdeithas i reoli'r corff benywaidd, o ran ei edrychiad a'i swyddogaeth, ac i'w ddilorni, sydd weithiau'n arwain at drais, yn tanseilio ei hunaniaeth. Mae'r gorchymyn i gadw'r cyfan yn gyfrinachol a'i labeli'n destun cywilydd, am ei fod yn tramgwyddo normau patriarchaeth mewn ffordd eithafol, yn cymhlethu pethau ymhellach. Yn y pendraw mae'n ymwrthod â'r drefn ac yn dathlu ei chorff a'r holl brofiadau mae'n eu costrelu, wrth iddi sylweddoli mai dyma lle roedd ei phŵer ar hyd yr amser, yn ei chorff ei hun.

Arweiniodd y sefyllfa at berthynas wahanol gyda'r cysyniad o ardd fel gwraidd hunaniaeth a chreadigrwydd, yn hytrach na bod yn ddrws i brofiadau a straeon ei pherthnasau fel yn *Ede Hud*, neu'n ysgogydd tuag at brofi'r byd tu allan fel person annibynol fel yn *Holl Liwie'r Enfys*. Dawns angladdol sydd wedi dod â hi i gyfyngder yr ardd fach ddinesig, i alaru ddydd a nos, glaw a hindda, am ei mam. Mae maint a natur yr ardd fach yn cynrychioli maint ei bywyd a'i chreadigrwydd, a'u natur gloëdig ar y pryd, ac mae'r ffaith ei bod wedi ei hesgeuluso'n llwyr ar ddechrau'r ddrama yn adlewyrchu ei chyflwr meddyliol. Mae hi'n teimlo'n gyfforddus yn ei chyfyngder, yn saff ac yn guddiedig, sy'n cyd-fynd â'r hyn mae'r gymdeithas yn disgwyl gan fenyw o'i hoedran hi, ac mae'n methu symud o gwbl, ond daw'r cyfnod o barlys a diymadferthedd i ben yn raddol, ac mae ei pherthynas gyda'r ardd yn newid. Wrth iddi fynd i ymrafael â hi ei hun a'r hyn sy'n digwydd iddi, a chreu perthynas newydd gyda'i chorff, mae'n dod i delerau â'r gorffennol, ac yn wynebu ei cholled. Erbyn y diwedd nid yw'r ardd fach yn ei chyfyngu; mae'n llwyddo i adael am dref lan môr, ac yna mae'n cysylltu â'i mam a'i hysbryd hanfodol ar ben y mynydd, lle gall glywed y trên glas yn y pellter, sy'n symbol o egni â chyffro, ac mae'n ail ymuno â llif bywyd. Mae'r fenyw yn y ddinas fel petai hi wedi colli cysylltiad â'r byd naturiol a oedd mor bwysig yn y ddwy ddrama arall, ond mae'n dal yn rhan o'i bywyd, yn ei hisymwybod. Mae hi'n cario'r ede hud a holl liwie'r enfys wrth ddawnsio allan o'r eglwys ar y dechrau, ac yn yr ardd mae'n rhythu ar wlithyn ar 'ede hud' y we corryn ac yn ysu am goeden geirios. Mae'r ffaith ei bod hi'n ail ymuno a'i bywyd wrth ymweld â'r mynydd sy'n llawn hanesion ei theulu, ac yn dal trên glas y ferch fach yn yr ardd yn *Holl Liwie'r Enfys* ar y diwedd yn arwydd bod y cyfan yn rhan hanfodol o'i hetifeddiaeth.

Tyfodd natur olynol y dair, fel y disgrifiais, yn gwbl organig oherwydd taith hap a damwain y creu o'r dechrau. Trodd merch fach *Ede Hud* yn ferch ifanc *Holl Liwie'r Enfys* ac yna'n fenyw ganol oed *Trafaelu ar y Trên Glas*, y dair yn cynrychioli ffigyrau sydd, yn eu tro, yn tystio i'r hyn sy'n digwydd. Mae'r tri Thyst ar y tu fas am resymau gwahanol; y ferch fach yn *Ede Hud* am mai plentyn yw hi; y ferch ifanc yn *Holl Liwie'r Enfys* oherwydd ei bod wedi ei dieithrio o'r gymdeithas, a'r fenyw ganol oed yn *Trafaelu ar y Trên Glas* am ei bod hi wedi ei rhewi gan alar. Mae'r hyn sy'n digwydd, y Digwyddiadau, yn cynnwys portreadau o gymeriadau wedi eu gweld trwy lygaid yr un sy'n tystio, y Tyst, a'r cyfan wedyn yn cael ei weld trwy lygaid cyfoes y Traethydd.

Mae'r Traethydd yn ffigwr anweledig sy'n hidlo'r cyfan trwy ei hymwybyddiaeth yn y presennol o'r tu allan, ac yn cynnig persbectif cynnil i'r gynulleidfa. Mae yna hylifedd rhwng y tair haen, y Tyst, y Digwyddiad a'r Traethydd, ac mae hyn yn caniatáu symud nôl ac ymlaen o ran lle ac amser, a'r golygfeydd amrywiol yn ymddangos fel petaent yn glanio ym meddwl y Tyst ar hap, wedi eu hysgogi gan weithred, symbol, delwedd neu wrthrych, a'r cysylltiad rhyngddyn nhw'n ymddangos yn denau neu'n arwynebol o'r tu allan. Dim ond hedyn bach ar gyfer rhywbeth mwy yw'r atgof neu'r stori yn y cyflwyniad, ar gyfer cyfleu natur ddarniog y ddisgwrs. Mae'r Tystion yn y dair ar siwrnai chwilfrydig ryfeddol, ac yn gweld y cyfan sy'n datblygu o'u blaenau fel petai am y tro cyntaf, ac yn ceisio deall yr hyn sydd yn ymddangos yn annealladwy. Erbyn y diwedd mae'r Tystion wedi darganfod eu gwirionedd eu hunain sydd – yn hytrach na diweddglo – yn ddechrau ar siwrnai newydd o'i dewis eu hunain.

Mae natur hylifol yr ysgrifennu yn golygu bod modd chwarae'r cymeriadau yn y Digwyddiadau yn y trydydd person, neu gall y Tyst bersonoli'r cymeriadau yn y person cyntaf, fel petai'n cael ei meddiannu ganddyn nhw. Mae natur afliniol ac annisgwyl y strwythur yn benthyg ei hun i ddehongliadau amrywiol o bwy yn union sy'n chwarae unrhyw un o'r cymeriadau ar unrhyw adeg, a pham. Er mai fel sioeau un fenyw yr ysgrifennwyd y dair yn wreiddiol, byddai modd hefyd creu cynyrchiadau gyda dau, neu dri, neu ba bynnag nifer o actorion sydd ei hangen ar y cwmni i adrodd y stori.

Roedd agor *Ede Hud* a *Holl Liwie'r Enfys* gyda'r geiriau traddodiadol sy'n cyflwyno stori dylwyth deg, 'Un tro, amser maith yn ôl', yn eu gosod ym myd plentyndod, ac yn tanlinellu amwysedd yr hyn sy'n dilyn, a'i berthynas annisgwyl gyda normau cymdeithas. Roedd cyflwyno pytiau byr yn unig o'r caneuon, y rhigymau a'r hwiangerddi yn adlewyrchu natur hanner anghofiedig yr hanes, a deuoliaeth cyfrinachedd gudd y byd benywaidd, sy'n cael ei gyfri'n ddibwys, ac felly'n anweledig i'r byd tu fas. Mae gan y cymeriadau'r ydym yn eu cyfarfod yn y dair ryw elfen o fod yn fwy na nhw eu hunain, o fod yn gartwnaidd, bron, weithiau, a chlywir atseiniau o fyd chwedloniaeth wrth drafod cyfrinachedd ac anweledigrwydd sefyllfa sydd weithiau'n frawychus. Fe wnes hepgor yn reddfol yr elfennau amlwg hyn o'r stori tylwyth teg, ynghyd â'r pytiau bratiog, o *Trafaelu ar y Trên Glas* am mai byd oedolyn yw byd y fenyw yn y ddinas, er bod llawer o nodweddion y straeon chwedlonol yn dal yn bresennol. Fe'n croesewir ni fel cynulleidfa i'r byd bob tro trwy borth trawsnewidiol, hudolus, boed yn ddiod hud yn *Ede Hud*, yn bersawr llesmeiriol yn *Holl Liwie'r Enfys* neu yn ddawns yn *Trafaelu ar y Trên Glas*. Mae'r menywod drwyddi draw yn cael profiadau trosgynnol, profiadau sy'n eu dwyn nhw i le tu hwnt iddyn nhw eu hunain, yn aml trwy gân neu ddawns, ac mae dimensiwn hudol i weithgareddau domestig cyffredin fel coginio, garddio a gwnïo.

Mae'r dafodiaith, fy nhafodiaith gynhenid i, sef tafodiaith Sir Gâr, yn greiddiol i'r dair, er ei bod wedi ei llyfnhau dipyn erbyn byd yr oedolyn yn *Trafaelu ar y Trên Glas*. Fe fyddai'n amhosib i mi fod yn driw i'r cymeriadau a'r amgylchiadau – ac i galon emosiynol yr hyn rwy'n ceisio ei ddweud – mewn unrhyw ffordd arall. Dyma oedd iaith fy nheulu a'm cymuned, ac mae'n hanfodol er mwyn cyfleu byd gwerin gwlad naturiol fy nhylwyth yng Nghwmaman a'r gymdeithas yn Llandyfaelog. Mae'r darn yn *Holl Liwie'r Enfys* pan ddaw'r ferch ifanc yn ymwybodol o fyd tu hwnt i'r pentref am y tro cyntaf yn dangos sut oedd yr iaith wedi ei gweu trwy fywyd pob-dydd y pentref nes ei bod mor naturiol ag anadlu, ac mae deall ei bodolaeth fel modd o greu ystyr ar lefel wleidyddol a diwyllianol yn newid ei byd.

Defnyddiais iaith ryddieithol (os lliwgar a synhwyrus, yn aml) wrth i'r Traethydd gyflwyno'r Tyst, ac iaith wrthgyferbyniol wedyn ar gyfer y Digwyddiad er mwyn creu gwahaniaeth amlwg rhyngddyn nhw, o ran lleoliad a sefyllfa. Mae'r defnydd o odl a rhythm ar gyfer y Digwyddiad yn ffordd o gyfleu'r emosiwn sydd ynghlwm â'r sefyllfa, rhywbeth a oedd yn anos ei fynegi mewn iaith symlach, fwy uniongyrchol. Mae'r strwythur, sy'n antithesis i arddull naratif liniol draddodiadol, yn pwysleisio cymhlethdod natur gudd y byd hwn. Daeth y cyfan yn gwbl reddfol.

Mae'r tri Thyst wedi eu darganfod y tu allan yn hytrach na thu fewn i'w tai, heb eu caethiwo gan waliau, ac yn benodol mewn gerddi. Tyfodd hyn o'r penderfyniad cyntaf greddfol hwnnw i osod y ferch fach yng ngardd ei mam-gu, a phwysigrwydd yr ardd fel gofod benywaidd wedi ei drosglwyddo o genhedlaeth i genhedlaeth, yn symbol o greadigrwydd personol, man lle gall y fenyw fynegi'r hyn na all ei fynegi yn unman arall. Profodd yn ddyfais ddefnyddiol ar gyfer y dair, a'r ardd a'i blodau a ffrwythau o bob siâp a lliw a llun, yn adlewyrchu'r rhyddid ysbrydol na all fodoli dan do, yn y deyrnas ddomestig, lle caiff rolau eu diffinio o fewn terfynau caeth. Mae hefyd yn pwysleisio perthynas y menywod gyda byd natur, sy'n rym cyson bwerus trwy'r tair drama. Serch hynny mae dimensiwn pellach na ellir ei fodloni yn yr ardd, ac mae 'cerdded ar hyd y llwybrau gwyrdd,' dianc i'r afon a rhedeg i'r mynydd, yn eu cysylltu'n ddyfnach gyda hanfod eu bodolaeth, a'r uniad gyda byd natur gwyllt yn gysur ac yn rhyddhad corfforol ac emosiynol.

Estyniad o'm galwedigaeth fel actores yw'r dramâu hyn. Rwy' wedi ystyried fy ngyrfa yn y theatr, o'r cychwyn, yn weithred wleidyddol a'r hyn sydd wedi fy ysgogi yw cyfathrebu hyn yn uniongyrchol i'r gynulleidfa. Yn y dyddiau cynnar roedd hyd yn oed bodolaeth cwmni proffesiynol parhaol yn gweithio trwy gyfrwng y Gymraeg yn ddatganiad gwleidyddol pwerus. Roedd ymuno â Chwmni Theatr Cymru fel cyw-berfformiwr ar y trydydd cynllun hyfforddi (1970–71) a grëwyd gan Wilbert Lloyd Roberts yn cyfuno fy awydd i berfformio gyda fy nymuniad i weld Cymru'n ffynnu fel gwlad annibynnol. Roedd creu theatr yn rhan annatod o'r bwrlwm hwnnw yn y chwedegau a'r saithdegau a brofodd yn sail yn y pen draw i'r wlad rydym ni'n byw ynddi yn yr unfed ganrif ar hugain. Ymestynnwyd y dyhead hwn pan fum i'n un o gydsefydlwyr Theatr Bara Caws yn 1977 er mwyn cyfathrebu'n agosach gyda'r gynulleidfa am bynciau llosg y dydd, gan geisio creu model wirioneddol Gymreig. Cydsefydlais gwmni Sgwâr Un er mwyn llwyfannu drama Gareth Miles *Diwedd y Saithdegau* yn 1982, a thyfodd Y Cwmni, a sefydlwyd yn 1988, o gynhyrchiad drama Ed Thomas, *House of America*, a bu'r ddwy ddrama yn fodd i greu trafodaeth am gyflwr Cymru. Cam naturiol felly oedd i mi sefydlu cwmni a fyddai'n fodd i fynegi fy ngwleidyddiaeth ffeministaidd i.

O ran y broses ymarferol, byddwn i a Catrin yn trafod y gwaith ar ôl i mi ei ysgrifennu, yn gwneud cais am grant prosiect, ac yna, pan fyddai cais yn llwyddiannus, yn llogi gofod ymarfer a chysylltu â'r canolfannau ar draws Cymru. Mawr yw fy niolch i'r trefnwyr hynny a agorodd eu drysau i ni, o Theatr y Gromlech i Theatr Clwyd. Nid oedd sicrwydd fyth y byddai Cyngor y Celfyddydau yn cymeradwyo ein cais, wrth gwrs, ac yn anochel roedd y ddwy ohonom yn gorfod ennill bywoliaeth trwy waith arall, sef, yn fy achos i, amrywiaeth o waith teledu, radio, theatr ac ysgrifennu. Cynyddodd y grantiau ar hyd y blynyddoedd, o'r mil o bunnoedd a gawsom ar gyfer *Ede Hud* hyd at grant llawer mwy swmpus ar gyfer *Trafaelu ar y Trên Glas*. Cynyddodd maint y setiau a'r adnoddau technegol o ganlyniad, er ein bod wedi ein cyfyngu o ran natur a sgôp y set a'r cymhlethdodau technegol wrth orfod addasu i wahanol leoliadau wrth deithio trwy Gymru. Serch hynny, perfformiais *Ede Hud* a *Holl Liwie'r Enfys* sawl gwaith heb unrhyw set nac adnoddau technegol, heblaw am gadair ar ganol y llwyfan. Yn ogystal â'r bodlonrwydd artistig a ddeilliodd o'r gwaith, roedd ysgogiad ymarferol i mi hefyd: bu'n fodd i'r fam sengl reoli hyd a lleoliad yr ymarferion a'r daith, heb orfod bod yn ddibynnol ar ofynion cyflogwr.

Yn dilyn y daith gyntaf honno yn 1997 cafodd *Ede Hud* fywyd hir ac amrywiol. Yn 1999 ces fy nghomisiynu gan Hazel Walford Davies ar ran Gwasg Parthian i'w chyfieithu i'r Saesneg. Yn dwyn y teitl *Magic Threads*, ymddangosodd yn y gyfrol *One Woman One Voice* a olygwyd gan Hazel, yn un o bum monolog, ac roedd hyn yn cyflwyno'r gwaith i gynulleidfa ehangach. Yn 2000, yn dilyn comisiwn gan Gwyn Pritchard, pennaeth rhaglenni Cymraeg y BBC, trosglwyddwyd *Ede Hud* i'r sgrin ar ffurf drama ddogfen a gyfarwyddwyd gan Catrin, gyda Lowri Gwilym yn cynhyrchu. Dangoswyd y rhaglen yng Ngŵyl Mamwlad yr un flwyddyn. Roedd cael ffilmio rhai o'r golygfeydd yng Nglanaman ac ar y Mynydd Du yn brofiad cwbl amheuthun. Yn 2001, yng Ngŵyl Ledled yn Chapter, lleisiodd Anest Wiliam y sgript Saesneg yn gydamserol gyda'r perfformiad, ac yn 2004 perfformiais y sioe ddwywaith yn Saesneg yn yr Unol Daleithiau: ym mis Mawrth yn Efrog Newydd, yn y Greenwich Street Theatre, fel rhan o ddathliadau Gŵyl Ddewi Wales Week, ac ym mis Gorffennaf ym Mhrifysgol Morgantown yn West Virginia yng Nghynhadledd Ryngwladol Astudiaethau Cymraeg Gogledd America. Yn Morgantown, fy rheolwr llwyfan oedd Saran wyth mlwydd oed. Yn 2004 hefyd, profiad gwahanol ac arbennig iawn oedd perfformio ar faes Eisteddfod Genedlaethol Casnewydd fel rhan o osodiad gwaith celf yr artist Carwyn Evans.

Comisiynodd y cynhyrchydd radio Aled P. Jones addasiad hanner awr o *Ede Hud* ar gyfer BBC Radio Cymru: roedd yn golygu ei thorri a didoli'r rhannau ar gyfer dau lais, ac ymunodd yr actores Catrin Rhys â mi i berfformio'r cymeriadau iau.

Ymestynnwyd perfformiadau *Holl Liwie'r Enfys* dros gyfnod hefyd. Yn dilyn perfformiad cychwynnol o waith ar ei hanner yn 2005, perfformiais yn Theatr Taliesin yn ystod Eisteddfod Genedlaethol Abertawe yn 2006 cyn mynd ar daith yn yr hydref. Roedd y daith honno'n cynnwys perfformiad yn nhafarn y Llew Coch, neu'r 'Lion,' yn Llandyfaelog, ble ysbrydolwyd y gwaith. Cynhaliwyd y perfformiad yn y neuadd wledda a adeiladwyd ar safle beth a arferai fod yn feudy pan oedd y Lion yn fferm weithredol. Arferwn wylio Sid a Nelly John, y perchnogion, yn godro, a'u helpu i ddosbarthu'r 'cake.' Roeddwn yn adnabod pob buwch wrth ei henw. Pan addaswyd yr adeilad yn ystafell wledda byddwn hefyd yn gweini yno weithiau yn ystod priodasau ar ddydd Sadyrnau. Roedd cael perfformio i gynulleidfa oedd mor gyfarwydd â'r straeon a'r cymeriadau yn hollol wefreiddiol, ac fe ges wefr debyg yn 2010 yng ngwesty'r Ivy Bush yng Nghaerfyrddin, wrth berfformio addasiad Saesneg ohono, i ferched y 'Gram,' mewn aduniad ysgol. Roedd y ffaith mod i'n ei pherfformio yn Saesneg yn adlewyrchiad clir o'r hyn oedd yn y darn, ac roedd synhwyro'r adnabyddiaeth a'r ddealltwriaeth o'r cyd-destun a'r hanes unwaith eto yn deimlad arbennig iawn. Yn union fel yn achos *Ede Hud*, comisiynwyd a chyfarwyddwyd addasiad hanner awr o *Holl Liwie'r Enfys* gan Aled P Jones ar gyfer BBC Radio Cymru, ac unwaith eto ymunodd Catrin Rhys â mi.

Mwy byrhoedlog oedd hanes *Trafaelu ar y Trên Glas*. Yn dilyn taith yng ngwanwyn 2008, bu un perfformiad arall yn Theatr Fach y Maes yn Eisteddfod Genedlaethol Caerdydd ym Mis Awst yr un flwyddyn. Cefais fy nghomisiynu eto gan Aled P Jones i'w haddasu ar gyfer BBC Radio Cymru. Yn 2010 yn hytrach na chreu drama ddogfen debyg i *Ede Hud*, comisiynodd S4C raglen ddogfen, *Siwrne Sharon*, trwy gwmni annibynnol Green Bay Media, wedi ei seilio ar y pynciau yn y ddrama lwyfan, heb olygfeydd dramatig yn anffodus. Cyfarwyddwyd y rhaglen hon hefyd gan Catrin Edwards

Hoffwn ddiolch o waelod calon i Catrin am ei holl waith a'i chefnogaeth a'i dawn a'i thalent, fel cyfarwyddwraig, cerddor, ysgogydd a chydweithwraig. Yn ogystal â'r tair drama a gyhoeddir yn y gyfrol hon, cynhyrchodd Cwmni'r Rhosys Cochion *Shinani'n Siarad*, yn 2004, a *Gwaun Cwm Garw*, fy addasiad o *The Laramie Project* mewn cydweithrediad gyda Theatr Bara Caws yn 2007.

Y Testunau

Ede Hud,
Sharon Morgan
(llun: Brian Tarr)

Cyflwyniad i *Ede Hud*
Dilyn yr edefyn

Catrin Edwards

Yng nghrombil Canolfan Gelfyddydol Chapter yng Nghaerdydd dros chwarter canrif yn ôl, yn un o'r 'ystafelloedd cefn' hynny sydd ag enwau rhyfedd – yr ystafell 'SWAS'... neu'r 'Peilot' efallai... mannau cyfrinachol ymarfer a chreu... corneli tywyll sydd braidd byth yn gweld golau ddydd... gwaglefydd dirgel sydd fel arfer tu hwnt i drem y cyhoedd – dyna ble, yn ei amrwd ffurf, y gweles i edefyn cyntaf *Ede Hud*, yn sownd wrth ei awdur drwy linyn bogail, wrth iddo gyrraedd y byd mawr tu fas. Mae cyflwyniad egnïol Sharon Morgan ar y noson gynnes honno o Awst 1996 wedi serio yn fy nghof: yr awdur mewn gwisg liw hufen; y goleuadau sy'n tan-oleuo a chreu gwawr groesawgar agos atoch fel golau cannwyll; y straeon cyffrous, y pŵer delweddol a chryfder y dweud stori atyniadol yn ein cludo i oes a gwlad arall; y teimladau hynafol a grëwyd wrth eu hadrodd; a llond ystafell o esgidiau o bob math... Mae rhywbeth atgofus am esgidiau gwag, heb eu pobl fel petai, on'd oes e?

Pwrpas y perfformiad yn Chapter yn ôl Sharon oedd profi ymateb cynulleidfa cyn iddi gyflwyno'r darn yn Awr yr Actorion yn Eisteddfod Genedlaethol Llandeilo 1996. Soniodd fod ganddi ofn mawr o'i gyflwyno am y tro cyntaf a dinoethi ei hunan gerbron y genedl ar ôl ysgrifennu rhywbeth mor bersonol ac mor bwysig iddi. Gofynnodd i'r gyfarwyddwraig Firenze Guidi ddod ati i ddal ei llaw yn ffigurol a chyfarwyddo'r darlleniad, ac fe grëwyd set fach weledol syml mas o esgidiau – pob math o esgidiau; esgidiau gwaith, esgidiau plentyn, esgidiau dawnsio – wedi eu gosod o gwmpas yr ystafell yn arwyddbyst henffel i Sharon, i'w llywio o gwmpas y sgript.

Flynyddoedd wedyn ar ymweliad â Hwngari, deuthum ar draws Cipők a Duna-parton – yr Esgidiau ar lan Afon Donwy – sef cofeb Bwdapest i'r Iddewon a laddwyd gan fyddin o Ffasgiaid Hwngaraidd yn ystod yr Ail Ryfel Byd. Fe'u gorchmynnwyd i dynnu eu hesgidiau cyn iddynt gael eu saethu yn ymyl y dŵr, eu cyrff yn cwympo i'r afon a chael eu cludo ymaith. Mae'r gofeb yn cynrychioli'r esgidiau gafodd eu gadael ar y lan. Torcalonnus.

Rhywsut, er bod yr amgylchiadau'n gwbl wahanol wrth gwrs, fe'm halwyd yn ôl i'r noson honno yn Chapter, gan gofio hen esgidiau'r teulu yn unig, diberchennog, yn yr ystafell a hefyd y cwilt clytwaith wedi ei wneud o ddarnau o hen ddillad y teulu – delwedd atgofus arall sydd mor bwysig yn y ddrama:

Cot Wil pan gwmpodd e o'r cart

Ffrog briodas Annie

Trwser gwaith Jac

Cot wishgodd Jo i Madeira

Ffrog Jenni pan enillodd hi'n 'steddfod Llangadog...

A odd y ferch fach yn cysgu mewn gwely mawr plu dan y cwilt nath mam mam ei mam o ffrogie'i modrybedd a trwseri ewythrod.

A odd y ferch fach yn cysgu ym mywydau ei pherthnase...
          (tt. 45 a 44)

Clytwaith yw strwythur *Ede Hud* hefyd. Fel darn i'r llwyfan, mae'r ffurf yn anghonfensiynol a newydd. Nid oes dilyniant amlwg nac edefyn lliniol yn y gwaith. Gofynnais i Sharon felly ymhle y dechreuodd hi ysgrifennu'r darn, beth oedd y 'clwt' cyntaf fel petai, ac mae'n debyg i daith hirfaith *Ede Hud* gychwyn gydag un ferch fach mewn gardd: 'Un tro amser maith yn ôl odd 'na ferch fach yn ishte yng ngardd ei myn-gu... Odd gardd ei myn-gu'n llawn o flode... A odd ei myn-gu hi'n gwitho tarten... a odd ei myn-gu'n gwitho yn y gwaith tun... a odd hi'n gwitho dio' fain' (t. 42). Tiriogaeth Myn-gu, tiriogaeth y menywod a thiriogaeth y ferch fach yw'r ardd: y gofod diogel lle maen nhw'n rheoli a chreu. Ac mae'r darn yn bennaf am fenywod, menywod yn unig – eu bywydau nhw a'r themâu byd eang sy'n perthyn i'w bywydau nhw a'n bywydau ni. Ynghanol y frwydr oesol dros ffeministiaeth ar ddiwedd yr ugeinfed ganrif (a ninnau'r Cymry'n llusgo tu ôl i'r gromlin fel arfer), bwriad Sharon yn *Ede Hud* oedd ystyried 'beth yw Cymraes?' Mae'n herio'r syniad bod menywod o oedran arbennig yn ddibwys ac anweledig ac yn archwilio'r syniad o bŵer ysbrydol a chyhyrog menywod yn aml mewn lleoliadau domestig, yn ogystal â'r syniad o ffeministiaeth Gymreig, drwy edrych ar fywydau cenedlaethau o aelodau benywaidd ei theulu.

Mae yna ddwy elfen gref yn *Ede Hud*. Yn gyntaf mae'r edau sydd yn y cwilt ac ymhob dilledyn – y pethau pob dydd a realiti'r gwrthrychau y mae modd eu cyffwrdd, – fel y clytwaith a'r nodwydd finiog. Yn ogystal mae'r 'ede' drosiadol, fwy annelwig, sydd yn ein dal ni at ein gilydd fel teuluoedd; y llinyn distaff rhwng mamgu, mam a merch. Yr ail elfen yw'r 'hud' neu'r alcemi – hud y gegin, cyfaredd y coginio, cynnwrf y creu – y grymoedd goruwchnaturiol difyr a gafodd eu trafod yn eiddgar a thrylwyr mewn ymarferion:

...mae'n mynd nôl
i gyfrinach ei chegin
Yn nhwllwch ei phantri
yn nyfnder ei sosban
mae'n creu deinameit...

a swyn *hallucinogenic* y ddiod fain:

Diod fain
Diod hud

Diod cryfa yn y byd

Mae'r neud y fowr yn fach a'r fach yn fowr

Diferyn bach a sneb yn gweld chi

Diferyn bach chi'n dechrau codi

Diferyn bach chi'n gallu hedfan lan a lan a lan... (tt. 42-3)

Ond law-yn-llaw â'r asbri a'r hwyl, mae'r gyfeiriadaeth dywyll, arswydus a brawychus yn frith: darnau o *noir* yn bur ac yn Gymreig, fel cymeriad yr hen Fyn-gu a'i nodwydd fygythiol sy'n ymddangos yn wyrgam.

Wotshwch ych unan.

Mae'n fach ond mae'n siarp fel myn-gu.

Pych â mynd rhy agos rhag ofon gewch chi'ch pigo. (t. 45)

Neu fel y cyfeiriadau niferus at farwolaeth fel pe bai'n ddigwyddiad beunyddiol cyffredin:

Un tro amser maith yn ôl, odd y ferch fach yn mynd i weld y bobol tost a'r bobol marw 'da'i myn-gu... (t. 46)

Neu ddigwyddiadau creulon ac annisgwyl bywyd bregus, fel marwolaeth y fenyw ddienw:

digwyddodd Mam weud bod mam Anti Mari

wedi marw ar ochr yr hewl

Odd mam ddim yn cofio'i enw 'i

Menyw heb enw

a pedwar o blant

yn marw ar ochr yr hewl

yn gwaedu i farwolaeth... (t. 49)

Neu ofn iasoer plentyn yng ngweddi'r ferch fach sy'n paratoi i fynd i gysgu yn ymyl dwylo digorff Dürer:

rhoi fy mhen bach lawr i gysgu
rhoi fy ngofal bach i'r Iesu
Os byddaf farw cyn y bore... (t. 63)

Ond yng nghanol y düwch, rhaid peidio ag anwybyddu'r hiwmor anarchaidd a phositifrwydd cymeriad fel Myn-gu – ei chryfder, ei hunan hyder a'i drama dros ben llestri:

Odd pwer myn-gu yn iwfforic

Odd popeth mor glir
Mor gyffrous a cryf
â reido lawr y cwm
ar ei beic
a'i thrad ar yr *handlebars*
y gwynt yn ei
gwallt gwyllt...
yn gwbod pob dim
yn gallu pob dim
Hollwybodus Hollalluog...
Hi odd Duw
a odd hi'n ei charu ddi'n tshwps
'Rwy'n fy ngharu, rwyf yn gwybod,
Mai fy eiddo byth wyf fi,
Rwy'n fy ngharu
Diolch i Fi' (tt. 47-8)

Mae *Ede Hud* yn fy atgoffa o elfennau yn fy mhlentyndod a'm teulu innau. Roedd gen i Nain fyddai'n 'crwydro o wareidd-dra'i gardd liwgar, ffrwythog, flodeuog i wilo yn y cloddie am blanhigion gwylltion

35

pigog' (t. 42) er mwyn gwneud Pop Nain, fersiwn Denominazione di Origine Controllata Sir Frycheiniog o'r ddiod fain.

Ond er bod y cyfan yn fwy na chyfarwydd, mae straeon a chymeriadau *Ede Hud* yn unigryw. Ac o'r cychwyn cyntaf roeddwn i'n dymuno dod i'w hadnabod yn well a bod yn rhan o deulu estynedig, taith a ffurfafen *Ede Hud*, drwy rannu'r gwaith gyda chynulleidfa hoff gytûn, liw nos, mewn awyrgylch theatrig.

Wrth i mi ysgrifennu ar gyfer y gyfrol hon, mae'n chwarter canrif i'r mis ers i ni greu cynhyrchiad llwyfan llawn o *Ede Hud*. Roeddwn i'n ymwybodol y byddai llwyfannu'r gwaith yn sialens oherwydd ei strwythur darniog ac absenoldeb prif naratif i dywys y gynulleidfa o'r dechrau i'r diwedd. Ond, ar y llaw arall, fe wyddwn y byddai perfformiad Sharon, a'i dawn dweud stori, yn enwedig gerbron cynulleidfa fyw, yn un cyffrous a grymus. Yn ystod yr ymarferion penderfynwyd ar bum man perfformio sylfaenol ar y llwyfan: (i) yr ardd a'r blodau – y man diogel, ar flaen y llwyfan ar y dde; (ii) yr ystafell wely a'r cwilt – cadair esmwyth o dan y lleuad ar ganol y llwyfan; (iii) y llwybr cerrig – yn arwain o flaen y llwyfan ar draws ac i fyny i'r chwith; (iv) y mynydd – y man gwyllt, i fyny'r llwyfan ar y chwith; (v) y gegin, y labordy – lle tywyll sy'n adlewyrchu golau, ar flaen y llwyfan ar y chwith. Lluniwyd cynllun goleuo syml ond effeithiol gan Ceri James a set brydferth gan Penni Bestic. Cyn pen chwinciad roeddem ni mewn fan wedi ei benthyg oddi wrth Theatr y Byd (diolch yn fawr!) ac ar ein ffordd i Gaerfyrddin (y dre lle'r aeth Sharon a minnau i'r ysgol) ar gyfer y noson agoriadol yn Neuadd San Pedr ar y 25ain o Dachwedd, 1997.

Ond nid yng Nghaerfyrddin nac yn Llandyfaelog lle magwyd Sharon, mae gwreiddiau *Ede Hud*, ond yn ddwfn ym mhridd Dyffryn Aman:

yn bell bell bell
uwchben y cwm
uwchben Pentyrcan uwchben Mynydd Llysu...(t. 43)

Dyma diriogaeth ei mam a'i pherthnasau hŷn – uwchganolbwynt daearyddol ac emosiynol hanes llafar menywod ei theulu dros ddwy ganrif. Wrth reswm, felly, sioe fwyaf heriol y daith fyddai'r ymweliad â Neuadd Brynaman ar lethrau'r Mynydd Du. Dyma fyddai llinyn mesur llwyddiant neu fethiant y gwaith, ac fe ddigwyddodd ar nos Wener stormus yn y gwynt a'r glaw. Mynychwyd y perfformiad gan griw lleol oedd yn cynnwys aelodau rhyfeddol a dieithr o deulu estynedig Sharon; byddai ambell un o'r cefndryd a'r cyfnitherod yn cofio'r bobl o gig a gwaed y tu ôl i'r cymeriadau iau, ac mae'n siŵr bod bron pawb yn y neuadd yn gyfarwydd â'r chwedloniaeth enwog a pheryglus oedd yn amgylchynu Myn-gu! Profiad brawychus (a rhewllyd) oedd hwn i'r rhai mwyaf gwangalon yn ein mysg, ond rhoddodd Sharon berfformiad glew yng nghwmni ''i pherthnase'. Ac wrth gwrs roedd yr ymateb yn ysgubol: roedd tylwyth Dyffryn Aman wrth ei boddau.

Daeth Lowri Gwilym, uwch gynhyrchydd *O Flaen dy Lygaid* – strand ffeithiol BBC Cymru ar y pryd – i weld y sioe ar daith. Wedi iddi ddadlau â hi ei hun – ai realaeth gymdeithasol oedd *Ede Hud* neu realaeth hudol? – penderfynodd Lowri ar 'hudol' a chomisiynwyd ffilm hunanholiad ddogfen awr ar gyfer y gyfres.

Y bwriad oedd saethu ffilm delynegol yn llawn golygfeydd mewn gardd flodau brydferth. Ond, oherwydd amserlen cyfres *O Flaen Dy Lygaid* a natur munud olaf y comisiwn, roedd hi'n ofynnol i ni ffilmio ym mis Chwefror. Sialens greadigol ac ymarferol! I mi, mis bach yw'r mwyaf marw o'r misoedd i gyd, felly bu'n rhaid gweithio'n galed i chwistrellu lliw a blodau, neu gysgodion blodau *noir*, mewn i bob golygfa, yn enwedig y golygfeydd oedd yn digwydd y tu allan. Roedd colli'r hyn o olau dydd oedd ar gael yn gynnar hefyd yn broblem. Ac ar ben hynny, rhaid oedd cynllunio'n ofalus gan gofio bod y ddrama'n cynnwys nifer o brif gymeriadau a'r rheini'n cael eu portreadu gan yr un prif actor ymhob golygfa. Byddai newid gwisg a cholur a gwallt yn cymryd amser bob tro ond, yn y cyfamser, heb unrhyw olygfeydd eraill i'w ffilmio, byddai'r criw'n cadw'n brysur trwy saethu golygfeydd cyffredinol o'r dirwedd a'r ardal. Heb os, bu'r cyfnod ffilmio yn un blinedig a chaled iawn i Sharon. Ond pleser mawr oedd cael popeth 'yn y can', ac, ymhen amser, gweld darlledu'r rhaglen, ei dangos fel rhan o ŵyl Mamwlad yng Ngholeg y Drindod a chreu bywyd arall llai byrhoedlog ar gyfer *Ede Hud*.

Yn 2001 cawsom wahoddiad i atgyfodi *Ede Hud* yn rhan o ŵyl Ledled Canolfan Chapter. Penderfynais newid a symleiddio elfennau o'r set er mwyn gwella symudiad, dilyniant a rhediad y sioe. Cyflwynais siglen i'r ardd, ar ffurf darn o bren glas gyda chadwyni cadarn yn ymestyn i'r nenfwd a'u cysylltu i'r sgaffald. Roeddwn i'n teimlo bod darnau'r ferch fach yn eithaf statig a gan ein bod ni'n dychwelyd i'r ardd yn aml, roedd angen rhyw symudiad, rhyw ddiddordeb gweledol ychwanegol. Goroesodd y lleuad hyfryd, a sidan melyn y mynydd. Cafwyd siawns i ychwanegu ychydig at y cynllun goleuo a gwneud defnydd o'r gerddoriaeth bwrpasol a recordiwyd ar gyfer y ffilm o *Ede Hud* yn *O Flaen dy Lygaid*, BBC Cymru. Daeth Annest Wiliam atom i ddarllen y cyfieithiad ar y pryd dros glustffonau'r gynulleidfa ac oherwydd dawn ddihafal Annest fel actor, rhoddodd wledd o berfformiad lleisiol o *Magic Threads* o'r bocs goleuo.

Rai blynyddoedd wedyn, cafwyd gwahoddiad gan Catrin Brace, Cynrychiolydd Llywodraeth Cymru yn yr Unol Daleithiau, yn gweithio yn Swyddfa'r Prif Weinidog ar y pryd, i fynd â *Magic Threads* draw i'r Unol Daleithiau. Rhoddais y set – y siglen a'i chadwyni a darn o sidan melyn y mynydd – yn fy nghês, wedi ei lapio gan ambell ddilledyn er mwyn ei llwytho'n ddiogel i grombil yr awyren. Gorchuddiwyd y lleuad fregus, a oedd wedi ei gwneud o ffens caets ffowls, mewn *bubblewrap* a *bin liner* du ac fe'i cariwyd yn ofalus mewn i'r caban. Mynnais fod y lleuad yn cael lle anrhydeddus yn y locer uwchben fy sedd, er mwyn i ni lanio ym maes awyr JFK gyda'r lleuad yn gyfan.

Prin ddwy flynedd a hanner oedd wedi mynd heibio ers trychineb 9/11 ac rwy'n cofio bod yn hynod o nerfus a theimlo'n fach iawn wrth gario'r Lleuad drwy reolfa ffiniau UDA. Ro'n i'n disgwyl trafferth gan swyddogion benywaidd mawr ffyrnig y gwarchodlu.

'What's that?' taranodd llais dwfn ymosodol Americanaidd wrth i'w berchennog edrych ar y cwdyn bin siâp rhyfedd a'r gwifrau caets ffowls yn torri'n fygythiol drwy'r plastig du.

'Lleuad... *a moon*,' meddwn i mewn llais bach gwanllyd Cymreig gan ddisgwyl y gwaethaf – *confiscation*, efallai, neu *interrogation*. Craffodd y swyddog arnaf yn gam ac yn wawdlyd. Bu saib hirfaith annifyr wrth i'r hyfryd beth basio drwy'r sganiwr tra bod y gwarchodlu cyfan yn rhythu ar y sgrin. '*Oh... it's a moon!*' '*Oh... it's so beautiful!*' meddai'r swyddogion anferth wrth ei gilydd mewn lleisiau bach addfwyn, tyner. Ffiw! Peidiwch byth â thanbrisio pŵer y Lleuad!

Roedd y cyfnod gosod y llwyfan yn y Greenwich Street Theatre, ar gyrion de-orllewinol Manhattan, yn hunllefus. Sylweddolais lawer rhy hwyr fod y cynllun goleuo a grëwyd yn Chapter yn llawer rhy gymhleth ar gyfer yr hen fwrdd goleuo gorffwyll ac er mwyn paratoi'n gyflym ac mewn pryd ar gyfer *matinee*, byddai wedi bod gymaint gwell pe bawn wedi mynd am ddwy stad oleuo syml ar y llwyfan – dydd a nos! Ond fel roeddwn i'n straffaglu, anobeithio ac yn suddo o dan donnau oer yr Hudson a'm bywyd cyfan yn rhuthro heibio i mi, fe gyrhaeddodd arwres ddienw mewn siaced ledr ddu o rywle, ar ffurf dewin goleuo cymwys – 'yn gwbod pob dim, yn gallu pob dim, Hollwybodus, Hollalluog....' yn Gymraeg, neu 'can do' yn Americaneg – ac fe lwyddodd, gan ennyn fy edmygedd a'm diolch gydol-oes, drwy regi, melltithio a rhincian dannedd, i ffrwyno'r ddesg oleuo orffwyll a'i rhaglennu'n barod ar gyfer y sioe.

Diolch i allu entrepeneuraidd Catrin Brace, llenwyd y theatr ar gyfer y perfformiad gan gynulleidfa eiddgar o bobl Efrog Newydd. Er ein bod ni dair mil, dau gant naw deg wyth o filltiroedd o Ddyffryn Aman, uwchganolbwynt daearyddol ac emosiynol *Ede*, cafodd y sioe dderbyniad heb ei ail gan gynulleidfa wresog, ddeallus. Roedd yr ymateb yn brawf pellach o apêl eang *Ede Hud/Magic Threads*, fod chwilfrydedd Sharon a'i harchwiliad o beth yw Cymraes, wedi ei gyflwyno drwy ailadrodd hanesion ei theulu, yn berthnasol, ni waeth ble nac ym mha iaith bynnag, a bod y dathliad o fywydau'r menywod hynny yn weladwy, yn atgofus, yn perthyn i bob menyw ledled y byd... a phob merch fach.

Ede Hud

Dwedwch, fawrion o wybodaeth,
O ba beth y gwnaethpwyd hiraeth;
A pha ddefnydd a roed ynddo
Na ddarfyddai wrth ei wishgo.

Derfydd aur, a derfydd arian,
Derfydd melfed, derfydd shidan,
Derfydd pob dilledyn helaeth;
Ond er hyn ni dderfydd hiraeth.

Menyw ar ben mynydd
yn mwmian
Menyw ar ben mynydd
yn mwmian hen ganeuon
A'i phen yn y cymyle
Yn dal ei hanal
ei gwynt yn ei dwrn
ei thafod yn ei boch

Menyw ar ben mynydd
yn gweld y byd

yn gweld y byd i gyd

Dyw hi ddim yn anweledig

Ma pawb yn gallu'i gweld hi

yn gallu'i gweld hi o bell

fel Tŵr Paxton neu Carreg Cennen

Menyw ar ben mynydd

yn mwmian hen ganeuon

Un tro, amser maith yn ôl, odd 'na ferch fach yn ishte yng ngardd ei myn-gu. Odd hi'n gwishgo ffrog ffrili binc, ffrog ffrili binc gyda colyr lês a bwtwne perlog a bow mowr yn y cefen. Odd gardd ei myn-gu'n llawn o flode: dahlias oren pigog, pom poms porffor, popis papur, cannodd o rosynne bach pinc a blode'r pasg mowr melyn, aubretia glas a clyche bach gwyn fel eira ar y mynydd a shifis a rhiwbob a afans a gwsberis a mwyar duon a cyrens duon a cyrens cochion a côd plwms a côd gellyg a côd 'fale.

A odd ei myn-gu hi'n gwitho tarten riwbob a tarten fale a tarten afans a tarten gwsberis a tarten mwyar duon a cyrens duon a cyrens cochion, a pice bach a bara, a odd ei myn-gu'n gwitho yn y gwaith tun a odd hi'n gwitho dio' fain.

Co 'i'n mynd, co 'i'n mynd, wi'n gwel' hi, wi'n gwel' hi, wi'n gwel' hi, ei gwallt yn wyn, yn ei ffedog fawr, lawr y llwybre gwyrdd a'r haul fel menyn y prynhawne joglyd a amser ar stop yn hafe'r pellteroedd.

Mae hi wedi crwydro o wareidd-dra'i gardd lliwgar, ffrwythog, flodeuog i wilo yn y cloddie am blanhigion gwylltion pigog.

Ar ôl casglu llond côl

mae'n mynd nôl

i gyfrinach ei chegin

Yn nhwllwch ei phantri
yn nyfnder ei sosban
mae'n creu deinameit
Blas hen fynyddoedd
blas y canrifoedd
llyncu pridd
a llyncu perth
sugno rhinwedd
sugno nerth
gwynt yr haul
ar ddiwedd prynhawn
gwynt y nant a gwynt y mawn
Diod fain
Diod hud

Diod cryfa yn y byd
Mae'n neud y fowr yn fach a'r fach yn fowr
Diferyn bach a sneb yn gweld chi
Diferyn bach chi'n dechre codi
Diferyn bach chi'n gallu hedfan lan a lan a lan
yn bell bell bell
uwch ben y cwm
uwch ben Pentyrcan uwch ben Mynydd Llysu
Wi'n llyncu'r awyr las
Wi'n ware yn y sêr

(*Yn canu*)
'Arglwydd dyma fi
Ar dy alwad di

Canna f'enaid
Yn y gwaed a gaed ar Galfari'

(*Yn canu*)
'I'm forever blowing bubbles
Pretty bubbles in the air
They fly so high
They nearly reach the sky
And then they burst and fade and die'

Paid! Paid! Anti Maggie doesn't like comic songs ...

Un tro, amser maith yn ôl, odd 'na ferch fach mewn ffrog flodeuog shinog oren a pinc a porffor yng ngardd ei myn-gu'n stampo'i throd a gweud NA! Yn siglo ar y siglen a gweld ei myn-gu'n crosha menyg a ffroge a hate shwgyr a neud mate racs lliwie'r enfys, mate racs i benlinio, mate racs i weddïo.

Rhoi fy mhen bach lawr i gysgu
Rhoi fy ngofal bach i'r Iesu
Os byddaf farw cyn y bore
Iesu cymer f'enaid inne, Amen

A odd y ferch fach yn cysgu mewn gwely mowr plu dan y cwilt nath mam mam ei mam o ffroge'i modrybedd a trwseri ei ewythrod. A odd y ferch fach yn cysgu ym mywyde ei pherthnase.

(*Yn canu*)
'Si hei lwli mabi,
Mae'r llong yn mynd i ffwrdd
Si fy mabi lwli
Mae'r capten ar y bwrdd

Si hei lwli lwli lws

Cysga, cysga...'

Wotshwch ych unan.

Mae'n fach ond mae'n siarp fel myn-gu.

Pych â mynd rhy agos rhag ofon gewch chi'ch pigo. Mae'n pwytho profiade ei phlant fel bod hi ddim yn anghofio. Prynhawn o haf fan 'yn, bore o aea draw fyna, nos yn y gwanwyn, nos yn yr hydref, y dillad odd yn ishte, teimlo 'da nhw, gwres eu cyrff, calonne'n pwno, y 'wys ar y gwar, y crud ar y briche, sgyrt yn rhedeg, ffrog yn gorwedd ar y gwair, yn gwynto'r grug.

Cot yn gweddïo, blows yn garddio. Sefyll yn y fynwent, llefen yn y gwely.

Gwinio munude gwinio orie da'i gilydd

dillad sbesial a dillad bob-dydd

gwinio nhw'n sownd sownd sownd

dala nhw'n sownd, teimlo nhw yn y' mriche'i

pych â dod rhy agos

Derfydd aur a derfydd arian

derfydd melfed derfydd sidan

derfydd pob dilledyn...

Cot Wil pan gwmpodd e o'r cart

Ffrog briodas Annie

Trwser gwaith Jac

Cot wishgodd Jo i Madeira

Ffrog Jenni pan enillodd hi'n steddfod Llangadog

Cot ore Rhys

Crys gwaith Dai

Blows Maggie i ddod nôl o'r ysbyty

Sgyrt gwasanaethu Hetty

Ffrog America Mary

Ffrog bob dydd Dora

Cot fach ysgol Ceri

wotshwch eich hunan ne' gewch chi bigad.

Fi sy'n cofio fi sy ishe

Bydd y plant ddim yn cofio

Cwilt fel siol merch fach i

geiff neb ddod yn agos

wi'n gofalu amdanat ti trw'r nos 'da'n nedwydd

mae'n siarp a mae'n bigog fel fi

Dodi'r dafne'n sownd fel blode

Pwytho patrwm y petale

Dewish tyma bach o hyn, tyma bach o'r llall, pethe pert a pethe salw, pethe hapus pethe diflas. Dewish pishys bywyd; gobaith, ofon, cywilydd, colled. Pych â dod rhy agos – mae'n gallu bod yn ddansherus. A odd y ferch fach yn nabod pob sgwaryn o ddefnydd a odd hi'n cysgu'n saff trwy'r nos. A uwch ben y gwely odd angel blastar â'i phen ar un ochor.

(*Yn canu*)

'Huna blentyn ar fy mynwes

Clyd a chynnes ydyw hon

Breichiau mam sy'n dynn amdanat'

calon mam...'

Un tro, amser maith yn ôl, odd y ferch fach yn mynd i weld y bobol tost a'r bobol marw 'da'i myn-gu, gyda blode o'r ardd mewn cwmwl o jip fel eira hudolus a odd ei myn-gu hi'n mynd i'r capel tair gwaith ar ddydd Sul mewn siwt ddu a rhosynne bach pinc a hat fowr ddu gyda un rhosyn mowr pinc.

(*Yn canu*)
'Rhosyn Saron yw fy enw'

(*Yn canu*)
'Wi'n wyn fel y lili fach dyner
Yn gwynnu yng ngwawl Calfari
Gofalu amdanaf bob amser
Mae'r Iesu sy'n geidwad i mi'
Gath ei myn-gu ei hachub
a'i bedyddio'n y Llwchwr
ar ochor y mynydd Du.

Ymhyfrydu yn y culni, dwlu ar y dogma, caru condemnio lipstic,
locsyn a *Catholics*.
Dim wislo ar ddydd Sul, dim gwau, dim bownso pêl, dim pilo tato,
dim ond neud pwdin reis a ishte mewn sane *American Tan* a siwt
anghyffyrddus a hat ar elastig.

Odd pŵer myn-gu yn iwfforic
Odd popeth mor glir

Mor gyffrous a cryf
â reido lawr y cwm
ar ei beic
a'i thra'd ar yr *handlebars*
y gwynt yn ei
gwallt gwyllt
browngoch
ne' sleido lawr ochor y tip
ar bishyn o sinc
yn werthin ar feidroldeb

Mor gyffrous a cryf

yn bendant a phenderfynol

un tro'd ar yr aelwyd

un llaw ar y pentan

yn troi'r pice bach

yn wislan wrth gwcan

yn gwbod pob dim

yn gallu pob dim

Hollwybodus Hollalluog...

A mewn picnic ar dop y mynydd, yn genol y grug a'r brwyn a'r defed, fe ganodd hi. Fe ganodd hi *Happy Days*.

(*Yn canu*)

'Happy days Happy days

When Jesus washed my sins away

He taught me how to watch and pray

And lalalala every day'

Da'th yr egni paganaidd o bridd y mynydd

Dŵr y pishtyll

odd yn rhedeg trwy'i gwythienne hi

Yn addoli yn ei ffordd ei hunan

heb ddysg

Hi odd Duw

a odd hi'n ei charu ddi'n tshwps.

(*Yn canu*)

'Rwy'n fy ngharu rwyf yn gwybod

Mai fy eiddo byth wyf fi,

Rwy'n fy ngharu

Diolch i FI'

Un tro, amser maith, maith yn ôl, odd mam, mam, mam y ferch
fach nath y cwilt odd yn cadw hi'n saff trw'r nos wedi priodi'n
un deg wyth, a wast un deg wyth modfedd, a gath hi un deg wyth
o blant, a odd hi'n ishte dan y goeden geirios ar waelod yr ardd yn
cnau sgitshe sbo nhw'n shino, un deg pedwar pâr o sgitshe o dan
y goeden geirios, a nath mam tad mam, mam y ferch fach, waedu
i farwolaeth ar ochr yr hewl, ar ei ffordd i witho yn y ffatri
ganhwylle.

(*Yn canu*)
'Beth yw'r haf i mi
Dim ond gaeaf llwm
A dagrau'n lli
Er pan gollais ti
Nid yw hirddydd haf
Yn ddim i mi...'

Wrth fynd am wâc i dŷ Anti Mari unwaith eto
Hen gragen o dŷ ar ochr y mynydd
Tŷ Anti Mari odd yn smoco pib
a byth yn gwishgo nicyrs
a pisho'n sefyll lan
digwyddodd Mam weud bod mam Anti Mari
wedi marw ar ochr yr hewl
Odd Mam ddim yn cofio'i enw 'i
Menyw heb enw
a pedwar o blant
yn marw ar ochr yr hewl
yn gwaedu i farwolaeth
Odd hi'n gynnar yn y bore?
Odd y gwlith ar y gwair?

Beth odd hi'n gwishgo
menyw ifanc ddienw
wrth fynd i'r gwaith
i farw
cyn cyrra'dd tri deg?

Digwyddodd e heb wbod iddi
heb wbod iddi
llifodd y bywyd mas
fel afon goch
Odd neb amboiti
Odd neb ar ddi-hun
Odd hi'n fore o haf?
Odd y rhedyn yn uchel?
Odd hi'n gynnar yn y bore?
Odd y gwlith ar y gwair?
Digwyddodd heb wbod iddi
Odd hi bownd o fod yn sgrechen
Odd yr haul yn shino?
Odd ofon arni?
Odd rhaid stopo yn y diwedd
i'r afon goch ga'l llifo
llifo llifo llifo...
Odd rhaid gorwedd ar y gwair
a gadel y bore
a gadel yr haf
a gadel y byd
fel yr ened bach tu fiwn
Teimlo gwlithyn ar 'y ngwyneb
Teimlo deigryn ar 'y moch

Meddwl am ei phlant bach yn dal i gysgu'n sownd
Mam tad mam yn fam yn gwaedu i farwolaeth ar ochr yr hewl
Gobitho bod hi'n ddiwrnod ffein

(*Yn canu*)
'Beth yw'r haf i mi
Dim ond gaeaf llwm a dagrau'n lli
Er pan gollais ti
Nid yw hirddydd haf yn ddim i mi'

Un tro, amser maith yn ôl, odd 'na ferch fach yn ishte yng ngardd ei mam, odd hi'n gwishgo trwser bach byr caleidoscop lliwie'r enfys diamwnte harlecwin a odd gardd ei mam yn llawn meri a mari coch ac oren odd yn dringo reit lan i'r drws ffrynt yn llawn ieir bach yr haf gwyn a blode pinc llachar lliw roc Porthcawl a blode glas llachar a piws llachar a gwyrdd llachar lliw sane'r tedi bois a cannoedd o rhosynne bach pinc, a bambŵ syn torri'r cro'n a coeden *sumac* sy'n fflamgoch ym mis hydref.

(*Yn canu*)
'Moonlight becomes you
it goes with your hair...'

Odd hi'n gwishgo ffroge *swishy*
ffroge *swishy swishy swishy*
odd yn siffrwd fel y llanw yn y nos
Sane sidan emrallt sgleiniog
sgidie emrallt swdle uchel
ffroge haf o *broderie anglaise*
lili'r dŵr a lili'r dyffryn
lili biws a lili rhosyn

blode gwyllt a blode gwaraidd
coch a pinc a glas a melyn
Cot hir felfed sent a *chiffon*
peishe pert a sgidie *peep-toe*
mwclis clustdlws sigaret
Mae ei ffroge'n *swishy swishy*
Mae hi'n hardd o mae hi'n brydferth
Ar ei ffordd i fod yn seren
Galle'i fod yn rhywun arall
Galle'i fod yn Ginger Rogers
gyda'i chwrls a'i gwên yn danso
Galle'i fod yn Bette Davis
Marlene Dietrich Greta Garbo
gyda'i gwallt 'i dros un llygad
ma' hi'n hardd o ma' hi'n brydferth
Galle'i fod yn rhywun arall
Galle'i fod yn Ginger Rogers
wrth neud y golch
wrth wasgu carthen
pwno carped golchi llawr
Mae hi' n canu mae hi'n danso
wrth neud y smwddo genol nos
Galle'i fod yn rhywun arall
Seren y sgrîn mewn stafell dywyll
stafell dywyll lawn dieithred

Alle'i lithro lawr y gole
alle'i ddanso yn y llwch

Galle'i fod yn rhywun arall
Ond mae moyn bod yn hi hunan
jest bod ishe ysbrydolieth
genol golchi genol smwddo
genol dwsto genol hwfro
I gal cario mla'n i ganu
I gal cario mla'n i ddanso
Ma' hi'n danso a mae'n canu
Odd hi'n gwishgo ffroge *swishy*
Ffroge *swishy swishy swishy*

(*Yn canu*)
'Moonlight becomes you it goes with your hair'

Un tro, amser maith maith yn ôl, odd y ferch fach yn ishte yng ngardd ei mam yn gwylio'i mam yn plannu hade yn gwylio'i mam yn plannu blode. A wrth gwtsho'r blode bach yn ddwfwn yn y ddiar, odd ei mam yn adrodd storis, adrodd storis am ei antis.

Anti Dora ath i Ganada i briodi Mownti, buodd farw wrth eni efeilliaid. Anti Mimi briododd dyn achos bod *steamroller* 'da fe. Anti Mari odd yn cered y mynyddoedd yn y stormydd, Anti Mary a'th i Pennsylvania.

Gadel stesion Pantyffynnon
Hwylio mas o Lerpwl
Draw dros y tonne draw dros yr *ocean*
Draw dros y cefnfor pell
I Carbondale
(*Yn canu*)
'America, America'

I wilo gwlad sy'n well
Tŷ â feranda
Ym Mhennsylvania
Cot ffyr a *wireless*
Ma' 'da ni gar yn y *garage*
bob wthnos wi'n ca'l *massage*
Wi di bod yn Niagara – *Oh Yes*
Wi'n swanc a wi'n *posh*
By golly by gosh
wi'n byw mewn gwlad sy'n well
Yn Carbondale
(*Yn canu*)
'America!'
Draw dros y cefnfor pell
tomaytoe, potahtoe, tomaytoe, potahtoe, tomaytoe, potahtoe –
garaaage –

(*Yn canu*)
'Today I feel so happy,
So happy, happy, happy,
I don't know why I'm happy
I only know I am...'

(*Yn canu*)
'When the roll is called up yonder
When the roll is called up yonder
When the roll is called up yonder
I'll be there.'

Anti Hetty oedd yn ware'r *tambourine*
A pregethu ar sgwâr y Waun.

Llais fel bara brown
Bara brown tene
Torri tocyn i Iesu Grist
Torri tocyn tene
Iesu'n ishte wrth y ford
Bara brown i'r Iesu
Achub pechadur o'i gwrw a'i ffags
i garu dros yr Iesu
Gweddïo am blentyn
bob tro y'ni'n caru
Caru dros yr Iesu
Hetty a Wil a Iesu Grist
Tri o ni yn y gwely

(*Yn canu*)
'I've heard of a land on a faraway strand...'

Anti Dora y groten ifanca
yn neud y pethe bob-dydd
a werthin.

Ishte ar sil ffenest
tu fas i'r tŷ yn beryglus o bell uwch ben y blode
Ishte ar sil ffenest
a'i choese'n sownd
tu fas i'r tŷ yn dishgwl mewn
a'i gwên yn shino

yn shino'r ffenest yn shiglo dwster a galw lawr 'Iw hw!'
a werthin
a'i gwyneb fel yr haul
Yn galw lawr 'Shw' mae 'eddi!'
a werthin
Yn shiglo dwster
a shino ffenest
yn dishgwl miwn ar y pethe bob-dydd
bara the a caws pôb
tynnu staes yng ngole'r ganw'll
torri'r iâ i olchi gwyneb
shiglo dwster
a shino ffenest
a werthin

Werthin sbo'i'n llefen

Anti Margaret, Anti Margaret a Anti Maggie, y trydedd Margaret, y gynta bu fyw

(*Yn canu*)
'Iesu cofia'r plant
Iesu cofia'r plant
Anfon genhadon
Ymhell dros y môr
Iesu cofia'r plant'
Anti Maggie a'th i genhadu.

Yn bell bell yn genol y mynyddoedd
gwyllt carregog garw

ma' nhw yn cenhadu
Anti Maggie a'i ffrind Miss Cheyney
yn eu iwnifforms nefi

(*Yn canu*)
'With a nick nack paddywack
give a dog a bone'

yn eu bonnets a'u bows a'u sbectols aur crwn
ma' nhw yn cenhadu

(*Yn canu*)
'Chwifiwn ein baneri
Yn yr awyr iach'

Ma' nhw'n achub eneidie
ma" nhw'n siwr iawn o'u pethe...
Ond ma'r plant bach heb sgitshe
a baw ar eu gwynebe
yn rhedeg i gwato
Ma nhw'n ofon Miss Cheyney a'i ffrind Anti Maggie sy wrthi'n cenhadu
yn Scotland

(*Yn canu*)
'Draw Draw yn Peebles...' Stirling ac Inverness.

(*Yn canu*)
'Ma' nghalon yn eiddo...'

Anti Jennie da'th yn ail yn y Genedlaethol pump gwaith.

Fy enw yw Jinni
ma' nhw'n galw fi'n Shini

A wi'n canu 'Colomen Wen'
wi'n canu fel y moroedd
wi'n canu fel y lli
Tra la la tra la lee
Operetta a *Cantata*
Y *Creation* a'r *Messiah*
(*Yn canu*) 'Haleliwia!'
Mewn eisteddfod a mewn cyngerdd
(*Yn canu*) 'Ma' nghalon yn eiddo...
wi'n gwenu 'da'n lyged
ma' ngwyneb i'n sbarclo
wi'n garglo 'da sheri wi'n llyncu wy *fresh*
Wi'n genol y llwyfan
ma' bobman yn dawel
a pan byddai'n barod
wi'n hala fe mas
Fel deryn yn hedfan yn hedfan yn uchel

(*Yn canu*)
'Aaaaaaaaaaaa.....!'

Ma'r node fel arian
ma' r clapo fel aur
A wedyn bydd blode a te a tishenod

wi'n werthin wi'n siarad

enjoio bob muned

a wedyn mynd gytre yn y ffordyn bach glas

Wi'n gweld y posteri wrth ddrifo trw'r t'wyllwch – Madam Jenni
Evans-Jones –

(*yn canu*)

'Soprano'

A odd ei mam yn ware'r piano i Antie Jinni, a ga'th hi ei ALCM pan
odd hi'n un deg tri, gath hi ei dysgu gan athro sadistaidd, ga'th hi
ddim ware *comic songs*,

(*Yn canu*) 'I'm forever blowing bubbles...' ga'th hi ddim ware
miwsig y pictiwrs

(*Yn canu*) 'Moonlight becomes you, it goes with your hair...'

Na'th hi byth ware piano ar ôl tyfu lan.

Beth am y blode bach

wedi cwrlo'n dynn tu fiwn

ma' nhw mor fach

ma' nhw'n fach fach fach

biti biti biti

Chi'n goffo wilo i' wel' nhw

ma' nhw mor fach

Y blode melys bach

y blode gloyw bach

y blode bach tu fiwn

Le ma'r talente'n mynd?

y blode bach tu fiwn

Le ma' talente'r mame

a mame mame'n mame?

Lawr yn ddwfwn yn y ddiar
ma'r blode bach yn cwtsho
yn mynd o groth i groth
yn aros i flodeuo
Gronynne melys bach
gronynne gloyw bach
yn aros am eu hamser

Rhyw ddiwrnod
Beth os 'newn nhw jengyd?
Beth os 'newn nhw fosto mas?
Yn eu holl ogoniant?
Lili'r dŵr a lili'r dyffryn
lili biws a lili rhosyn
Pan bydd neb yn dishgwl
pan bydd pawb yn fishi
yn 'neud rhwbeth arall
Beth os 'newn nhw fosto mas?
Rhosynne fel rhaeadre
fel storom wyllt o eira
miliyne o betale
fel cawod law o lilis
yn bwrw ar y byd

Bydd popeth wedi newid
bydd dim modd gweld yr hewlydd
bydd rhaid cael llwybre newydd i ffindo'r ffordd sha thre
Rhaeadre o rosynne
miliyne o betale

fel cawod law o lilis
fel storom wyllt o eira
yn cwato'r byd i gyd

Rhaeadre o rosynne
miliyne o betale
Stormydd ohonyn nhw

Un tro amser maith yn ôl, odd y ferch fach wastod yn pigo blode
i roi iddi mam: eirlysie, blode'r eira, tlyse'r eira, y lilis bach gwyn
cynta i hwpo'u penne mas trw'r eira ar bwys yr afon ar bwys y ty.

(*Yn canu*)

'O lili wen fach o ble daethost ti?

A'r gwynt mor arw wrth dalcen y tŷ

Pam y mentraist ti allan

Trwy'r eira i gyd

Does dim blodyn bach arall

I'w weld yn y byd.'

A llond côl o glyche'r gog o'r fynwent yn y gwanwyn.

Y funed saethodd hi o'r dŵr
fel doli rwber berffaith
a'i chro'n lliw lelog tywyll
ei briche a'i choese'n bownso
a'i llaish bach cryf yn galw yn glir ac yn gryf yn bendant ac yn
benderfynol
Y funed saethodd hi o'r dŵr llenwodd croth ei mam

o ofon
Ofon ofnadw

ofon anferthol

ofon seis tŷ ofon seis cawr

ofon colli'r angel fach

ei blodyn

ei gem ei diamwnt

ei pherl

ei thrysor

ei ffrwyth ei pherffeithrwydd

Ofon arswydus

ofon syfrdanol

Ofon bydde gwyneb y llyn

yn llyfn a tawel 'to

heb ei murmur heb ei werthin heb ei gwiddi

heb ei sgrechen

i grychu'r dŵr

i chwyrlïo'r dŵr

yn ddiferion amryliw

lliw'r enfys

Coch a melyn a porffor a glas a gwyrdd

lliwie'r enfys

yn gwlychu drosti

Achos y lliwie

achos yr ofon o golli'r lliwie

a goffod byw mewn byd

du a gwyn odd rhaid bod yn garcus

Gei di ddim gwishg oifad rhag ofon i ti foddi

Gei di ddim ffrog *chiffon* rhag ofon i ti ddanso

Gei di ddim swdle uchel rhag ofon i ti gwmpo

Gei di ddim sane sidan

Gei di ddim peinto gwyneb Jezebel Delilah

Gei di ddim bod yn fenyw rhag ofon

Achos rhag ofon

odd rhaid cripad yn ei slipars

cered ar fla'n ei thra'd

cwato tu ôl i bethe

i bipo i wotsho

jest rhag ofon

Odd rhaid cied y drws

cloi'r drws a cwato'r allwedd

rhag ofon i'r angel

y blodyn y gem y diamwnt y berl y trysor y ffrwyth y
perffeithrwydd y dywysoges fach berta'n y byd

redeg bant a cal drwg

Rhag ofon bydd y tegan yn torri

A ma'r ddoli racs yn gorwedd ar y llawr

yn wyn heb liw'n ei boche

pob diferyn o wa'd wedi sugno

y llyged gwag yn rhythu'n ddiystyrlon ar y ffenest

sy' wedi hoelo lawr'

Yn angel, 'y ngem

'y niamwnt, 'y mherl, 'y nhrysor

'yn ffrwyth, 'y mherfeithrwydd.

'... rhoi fy mhen bach lawr i gysgu rhoi fy ngofal bach i'r Iesu
Os byddaf farw cyn y bore Iesu cymer f'ened inne'
'Gee ceffyl bach yn cario ni'n dau dros y mynydd i hela cnau
Dŵr yn yr afon a'r cerrig yn slip

Cwmpo ni'n dau,
Wel dyna chi dric'

Un tro, amser maith yn ôl, odd y ferch fach yn ishte yng ngardd ei
mam yn gwylio'i mam yn palu'r ardd a cario'r pridd mewn wilber
a odd ei mam yn gwishgo ffrog *chiffon* a menyg felfed a odd hi'n
torri glo mewn swdle uchel a sane sidan a'n cario dŵr o'r pishtyll,
bwced yn bob llaw mewn het fowr ddu a feil a spote bach du a odd
neb yn gallu'i gweld hi.

Tyma bach o sbri odd e
'da'i sboner ar ben y mynydd yn ware mboiti, jest ware mboiti...
Odd y sêr yn serennu'n serennog yn ehangder glas dwfn y ffurfafen
a'r lliad llawn
yn ishte'n bert ym modrwy'r enfys, yn shino.

Odd hi'n neis ar ben y mynydd
a'r grug fel felfet porffor
fel carped porffor felfet
Dechreuodd hi dynnu'i dillad
a twlu nhw'n ddihidans
ar y grug
Jest fel sbri jest ware mboiti
Dechreuodd hi redeg a odd y dillad yn mynd lan i'r awyr
sdim ots le gwmpen nhw yn batshys gloyw yng ngole'r lliad
Odd hi'n werthin
a twlu dillad yn ddihidans ar y grug
Y dillad odd dim ishe dim ishe dim ishe
Dillad rhagrith
Cot cwato pechode
Cot capel
Cot dydd Sul

Cot celwydd

Y menyg sy'n ei mogu hi y *beret* sy'n ei bradychu hi

Y ffrog ffals

cardigan carchar

camisôl caethiwed

Odd hi'n bosto'i bwtwne

yn blingo'n beryglus

stripo'n serennog

dan ole'r lliad

Yn danso

a'r defed yn gwylio a'u llyged marw

A'r defed yn darogan

A mae'n dechre rhedeg

Mae'n rhedeg a rhedeg

rhedeg yn glou rhedeg yn bell

mor glou a mae'n gallu

mor bell a mae'n gallu

Mae'n stopo bod yn sbri

mae tsiest hi'n dynn

Ma'r grug yn dechre crafu

ma'r grug yn pigo'i thra'd hi

ma'i thrad hi'n dechre nafu

Ond mae'r mynydd yn ddiddiwedd

Sdim modd cyrra'dd Carreg Cennen

Sdim modd cyrra'dd Llygad Llwchwr

a hwylio'n rhydd

mewn cwch o ddail

i'r môr

Mae'n rhedeg a rhedeg

Yng ngole'r lliad

Yng ngole'r sêr

Ma'r mynydd yn ddiddiwedd

Mae'n danso'n noeth yng ngole'r lloer

Un tro, amser maith yn ôl, odd 'na ferch fach yn ishte yn genol y blode, yn gweld nhw'n agor a cied, yn 'studio siap y dail a'r petale, yn dishgwl i ddyfnder eu heneidie i dragwyddoldeb a trial dringo mewn iddyn nhw. Gweld yr hade'n tyfu'n blanhigion iddi ga'l dringo i'r cymyle ar y canghenne.

A odd y ferch fach yn mynd â blode iddi mam, lili wen fach a clyche'r gog, a odd gardd ei mam yn llawn o meri a mari a blode'r pasg mowr melyn a blode pinc llachar lliw roc Porthcawl.

A odd ei myn-gu'n neud pice bach a bara, a odd ei myn-gu hi'n gwitho yn y gwaith tun, a odd ei myn-gu hi'n neud diod fain.

A odd y ferch fach yn cysgu dan y cwilt na'th mam mam ei mam o ffroge'i modrybedd a trwseri ei hewythrod. A odd y ferch fach yn cysgu ym mywyde ei pherthnase.

Pishys peraroglus o gof

fel petale rhosyn carpiog

wedi pwytho

yn danso yn y gwynt

cyn hedfan lawr afonydd 'y mreuddwydion

Y DIWEDD

Holl Liwie'r Enfys,
Sharon Morgan
(llun: Geraint Chinnock)

Holl Liwie'r Enfys

Dawnsio a Deffroadau

Ian Rowlands

Yn ystod wythnos Eisteddfod Genedlaethol Aberystwyth yn 1992, bûm i'n llygad-dyst i drobwynt yng ngyrfa yr actores Sharon Morgan. Mewn neuadd eglwys ddi-nod yng nghanol y dref, o flaen cynulleidfa ddethol, fe berfformiwyd *Canu o Brofiad* sef cyfres o fonologau byrion a ddatblygwyd gan fenywod trwy weithdy dan adain *The Magdalena Project*. Gwnaeth cyfraniad Sharon i'r noson honno – monolog fer am hanfod bod yn actores – ailfframio ei hymwneud hi â'i chrefft, yn unol â damcaniaeth Slavoj Žižek ynghylch *event* yn ei gyfrol sy'n dwyn yr un enw, sef, 'a change of the very frame through which we perceive the world and engage it'.

Parthed hyn, a'r gallu sydd gan unrhyw ddigwyddiad i fod yn *event* i'r sawl sy'n ei brofi, fe allwch ddadlau, fel y gwnaeth Alain Badiou yn ei gyfrol *Rhapsody for the Theatre* fod gan bob digwyddiad theatrig y potensial i fod yn *evental* (neu'n hytrach yn 'evental site' – *site événementiel*). Ond nid oes rhaid i bob actor/actores neu aelod o gynulleidfa ystyried unrhyw ddigwyddiad theatrig penodol yn *event*. Troedigaeth personol yw pob *event* (boed yn y byd neu yn y theatr), er enghraifft, pwy a ŵyr pa rai o'r cyfranwyr neu o aelodau'r gynulleidfa a gafodd eu cyffroi gan gyflwyniad Sharon y noson honno yn Aberystwyth? Ond, yn sicr, fe sylweddolais i natur *evental* y digwyddiad a phwysigrwydd yr *event* maes o law i'r actores.

Am fyfyrdod Morgan ei hunain ar y digwyddiad, gwelwch ei hysgrif 'Menywod ar Lwyfan: Llais y Fenyw yn y Theatr Gymraeg', yn y gyfrol *Llwyfannu'r Genedl Anghyflawn* (Gwasg Prifysgol Cymru, 2023, t. 98).

Ond, cyn i mi amlinellu natur y trobwynt hwnnw ac olrhain y canlyniadau a ddaeth yn ei sgil, sef y gyfres o fonologau sydd yn y gyfrol hon, byddai'n briodol cyd-destunoli taith Sharon tuag at yr hyn a brofodd i fod yn ddigwyddiad o'r pwys mwyaf. Gwn nad oes modd ymrannu'r fenyw oddi wrth yr actores, am fod y personol yn wleidyddol, fel y dysgodd ail don ffeministiaeth i ni. Ond, er mwyn asesu gwir effaith ei pherfformiad yn Aberystwyth y noson honno, efallai ei bod hi'n fanteisiol i ni ystyried taith y fenyw a thaith yr actores yn ddwy daith gyfochrog a ddaeth ynghyd yn y cyflwyniad hwnnw yn Aberystwyth: taith y fenyw trwy fyd benywaidd a thaith yr actores trwy fyd gwrywaidd.

Yn unol â naratif *Ede Hud,* mae *Holl Liwie'r Enfys* yn cychwyn mewn gardd lle mae 'sent' y blodau melfedaidd wedi ei gymysgu gyda phersawr egsotig ei mam yn "ala 'ddi mas o'i hunan'. Aiff hi, yn blentyn, ati i gipio eneidiau'r rhosynnau a chalonnau ceirios a'u 'dabo / tu ôl iddi chlustie ... tu fiwn 'ddi garddyrne ... tu ôl bobo pen-glin' (tt. 76-7) mewn ymgais i ddynwared arogl ei mam, y fenyw oedd yn cynrychioli'r byd y tu hwnt i giât yr ardd. Ond, mae yna baradocs ar waith: paradocs sydd wrth wraidd *Holl Liwie'r Enfys.* Plentyn ei hoes oedd Sharon, un a fyddai'n elwa o chwyldro'r chwedegau pan drodd y drefn ormesol yn rhannol ar ei phen – y drefn hanesyddol honno a oedd wedi caethiwo cenedlaethau o fenywod gan sicrhau na chawsant gyfle i ddefnyddio eu talentau hwythau y tu hwnt i'w cartrefi (gweler Sharon Morgan, *Hanes Rhyw Gymraes*, Y Lolfa, 2011, t. 33).

Yn un ar ddeg fe basiodd Sharon yr arholiad *scholarship* i'r 'Gram' ('Queen Elizabeth Grammar School for Girls') yng Nghaerfyrddin. Dyma oedd ei cham cyntaf tuag at gydio yn ei rhyddid personol. Yn y 'Gram', fe addysgwyd Sharon gan 'ferched disgleiria'u cenhedleth' a oedd 'wedi byw trw' dau ryfel byd'. Merched 'deallus, pwerus, hyderus, brawychus' oeddent. Ond, er iddyn nhw ennyn parchus ofn yn y ferch ifanc, mae'r dramodydd yn eu cofio nhw gyda chariad. Am ei hathrawes Saesneg, Vera, nododd ei heffaith ymysg ei disgyblion: 'ni'n addoli'i hysbryd / 'i meddwl disgybledig / ffraethineb do's mo'i debyg / ni'n moyn bod fel hi' (t.103). Trwy fynychu'r 'Gram', ehangodd pantheon benywaidd Sharon (menywod ei llinach yr ysgrifennodd amdanynt yn *Ede Hud*).

Yn unol ag arferion y cyfnod, yr iaith fain oedd iaith y 'Gram', a hynny'n groes i iaith y gymdeithas yn Llandyfaelog (ac yng Nglanaman ei mam-gu). 'Cefnlen annelwig bywyd' yn unig oedd y Gymraeg dafodieithol gyfoethog; ac mae hynny'n cael ei adlewyrchu yn ieithwedd y fonolog. Disgrifiai Sharon y Gymraeg 'fel glaw mân ar 'i phen hi / odd hi'n socan i'r cro'n / odd hi'n wlyb stecs potsh / heb wbod iddi ... Fel gwyrddni'r perthi pert / trw' feil o law llwyd / Fel y briallu yn y clawdd / a'r dderwen yn genol y ca' (t. 93). Iaith israddol, amherthnasol i'r wladwriaeth ac i'r byd mawr y tu hwnt i blwyfoldeb ei milltir sgwâr oedd y Gymraeg.

Buasai'r rhwyg ieithyddol hwnnw wedi para ynddi, yn ôl Sharon, oni bai iddi gwrdd â Siân Edwards, merch ddaeth i'r 'Gram' yng Nghaerfyrddin yn sgil gwaith ei thad, yr addysgwr, Raymond Edwards. Roedd dylanwad Cymreictod digyfaddawd Siân yn ysbrydoliaeth i'r Sharon ifanc. Yn y fonolog, fe bortreadir Siân fel cenedlaetholwraig 'ddansherus', un a roddodd gyd-destun cyfoes i Gymreictod adweithiol (*reactionary*) ei chynefin. 'Anodd iawn dychmygu,' meddai Sharon, wrth dalu teyrnged i un sydd yn dal yn gyfaill iddi hyd heddiw, 'pa mor wahanol fydde cwrs 'y mywyd i tase Siân ddim wedi llwyddo i fy argyhoeddi fod Cymru'n genedl a 'mod i'n Gymraes ac felly bod yr iaith Gymraeg yn perthyn i fi.' Yn wir, eu cyfeillgarwch hwythau a brofodd yn un o'r perthnasau allweddol ym mywyd Sharon. Profodd chwaeroliaeth mebyd yn sail i ddaliadau ffeministaidd yr oedolyn. Trwy ei chyfeillgarwch â Siân, ynghyd â dylanwadau ei mam a'i hathrawesau, fe ddaeth egin ffeministiaeth ac egin cenedlaetholdeb ynghyd yn y ferch ifanc, a hynny ddegawdau cyn i'r term 'croestoriadaeth' (*intersectionality*) gael ei fathu. Byddai'r 'deffroad' deublyg hynny'n sicrhau na fyddai Sharon byth yn 'dilyn trywydd traddodiadol y canrifoedd' (*Hanes Rhyw Gymraes*, t. 60). Uchelgais yr egin-*radicales* oedd perfformio, ac wedi iddi astudio hanes ym Mhrifysgol Caerdydd, bu'n dysgu ei chrefft gyda Chwmni Theatr Cymru gan dyfu i fod un o brif actoresau'r genedl. Medd Alan Llwyd amdani, 'Pawb yw hi. Hi yw pob un ohonom; / o'i mewn y mae Cymru'n / parhau, hi yw pob rhywun, eto hi yw ei hun' (*Cyfnos*, Barddas, 2023, tt. 16–17).

Ond er i'r actores genedlatholgar, ffeministaidd, leisio ei barn yn ddi-flewyn-ar-dafod ar ein cyfryngau gydol ei gyrfa, yn ôl ei sylw ei hun, gellid dadlau na ddarganfu Sharon, yr actores radical, ei gwir lais cyn y noson honno mewn neuadd yn Aberystwyth. Cyn hynny, er i Sharon, y fenyw, fyw bywyd rhydd o hualau patriarchaeth – ac yn ei chalon yn rhydd o aralledd yr 'arall' – roedd yr actores yn gaeth i weledigaethau gwrywaidd. A'r paradocs hwnnw oedd wrth wraidd ei pherfformiad yng ngŵyl Magdalena. A dyma sy'n clymu testun *Holl Liwie'r Enfys* gyda'r perfformiad y noson honno. Tra bod y fonolog yn olrhain y deffroad a brofodd fel merch yn ei harddegau, roedd gweithred berfformiadol Sharon yn Aberystwyth yn ddeffroad yn ei bywyd fel menyw, un a asiodd y gwleidyddol a'r personol. Fe unwyd y fenyw a'r actores, ac yn sgil hynny, daeth yr hyder a'r weledigaeth i ysgrifennu a llwyfannu *Holl Liwie'r Enfys*.

Y noson honno, yn Aberystwyth, os cofia i'n iawn (oherwydd nid yw'r testun yn bodoli bellach ac ni chafwyd record digidol o'r perfformiad chwaith), fe gyflwynodd Sharon fonolog am gi bach, *poodle* gyda rhubanau yn ei ffwr, a oedd yn dawnsio gerbron cynulleidfa. Ffawd y ci bach dof oedd byw yn unig er mwyn plesio eraill. Er i'r *poodle* syrffedu ar ddawnsio, doedd dim dewis ganddo oherwydd dim ond yn y weithred o ddawnsio y byddai'r *poodle* yn fyw. Dawns ddi-bŵer (*sans agency*) yw dawns lywaeth y *poodle*, adlewyrchiad o ddawns actores sy'n gorfod dawnsio er mwyn goroesi. Ond, er i Sharon fod yn un o'r criw a sefydlodd Bara Caws (a'r Theatr Antur cyn hynny, a oedd yn gwmni dan adain Cwmni Theatr Cymru), ynghyd â Sgwar Un (a ddaeth maes o law i fod yn Hwyl a Fflag), ac Y Cwmni, gellid dadlau y ceisiodd ar hyd ei gyrfa ddarganfod gwirioneddau oddi mewn i gymeriadau benywaidd a luniwyd gan ddynion. Prin oedd ei phrofiad o wireddu gweledigaethau benywaidd, diffyg y mae golygydd y gyfrol hon wedi ei amlinellu yn ei chyfrol hithau *Theatr y Gymraes: Byth Rhy Hwyr, Mefus, Mab*.

Flwyddyn wedi'r cyflwyniad yn Aberystwyth aeth Sharon ati i addasu (nid oedd eto yn ddigon hyderus i ysgrifennu drama wreiddiol, meddai ar y pryd) y fonolog *Gobeithion Gorffwyll* (addasiad o 'Monologue', sef stori fer gan Simone de Beauvoir a gyhoeddwyd yn ei chyfrol *La femme rompue/L'âge de discrétion/Monologue: Précédé de L'âge de discrétion et de Monologue*, Gallimard, 1968). Yn ei chyflwyniad i'r fonolog honno, mynegodd Sharon y rhwystredigaeth a deimlodd ar y pryd: 'Mae'n 1993, dwi'n 43 oed, dwi wedi bod yn actio am bron i gwarter canrif .. Ond does dim sbarc, dwi ishe her. Dyw'r rhanne dwi'n chware ddim yn ddigon mawr! Ond yn waeth fyth, dynion sy'n sgwennu nhw. Dwi wedi cael llond bol o ffito'n hunan mewn i ragdybiaethau cwbl gyfeiliornus' ('Cyflwyno Gobeithion Gorffwyll', *Llais Un yn Llefain*, gol. Ian Rowlands, Gwasg Carreg Gwalch, 2002, t. 56). Cafodd Sharon ei gweld yn bennaf trwy brism gwrywaidd.

Gan droi yn ôl at berfformiad Sharon yn Aberystwyth, yn y perfformiad hwnnw, ac, o bosib, am y tro cyntaf yn ei gyrfa, fe heriwyd trem y gynulleidfa – y *male gaze* – gan yr actores: 'Edrychwch arna i: ar fy nhelerau i fy hunan: a hynny, os feiddiwch chi!' Gellid dadlau mai dyma oedd y chwyldro. Y foment. Y digwyddiad a esgorodd ar dro ar fyd.

Llwyfannwyd *Gobeithion Gorffwyll* am y tro cyntaf yn y Tabernacl, Machynlleth ar y 26ain o Awst, 1994 – ddwy flynedd yn union wedi'r digwyddiad tyngedfennol yn Aberystwyth. Monolog ddirfodol ydyw am ysglyfaethau'r gyfundrefn bartriarchaidd sy'n israddio menywod i ochr arall dynion (hynny yw, eu arallu, gan dynnu ar ramadeg Luce Irigary). Yn *Gobeithion Gorffwyll* cawn bortread erchyll o Muriel,

73

menyw ganol oed o Baris a ddinistriwyd gan ei phriodas. Esbonia Sharon gan ddyfynnu de Beauvoir ei hun; 'Mae hi (Muriel) ishe bod yn gydradd ac yn wraig. Dyw hi ddim yn sylweddoli bod y ddau air yn anghymarus [...] (m)a Muriel yn ysglyfaeth ffôl i'r bywyd ma hi wedi dewis – dibyniaeth briodasol.' (56-57) Disgwyl am gwmni ar Nos Galan mae Muriel o fewn y fonolog, a thra ei bod hi'n disgwyl yn ail-fyw trasiedi ei bywyd. Ar un pwynt, mae Muriel yn ailadrodd y gair 'sic' (*sick*) dros gant o weithiau. Wrth iddi ailadrodd y gair hwnnw'n giaidd, cyll y gair ei ystyr, gan droi'n gri elfennol: condemniad pur ac ingol ar drefn y byd a'i caethiwodd. Mae'n gas gen i gyfaddef, fel un sy'n wneuthurwr theatr, ond yn anaml iawn y caf fy nghyffroi gan theatr. Ond, mewn hen gapel ym Machynlleth, bûm i'n dyst i foment theatrig ysgytwol. Mynnodd yr actores ein sylw: 'Edrychwch arna i, ar fy nhelerau i. Drychwch arna i, os feiddiwch chi. Syllwch ar yr hyllni a grëwyd ganddoch chi.' Ymdebygai'r eiliad honno i effaith Lancanian reflective, h.y. gwrthrych/digwyddiad sy'n gwyrdroi sylw a synnwyr y syllwr/wraig (goddrych) gan beri i'r syllwr/wraig gwestiynu ei hoff argymhellion goddrychol. A'r effaith honno, dybiwn i, oedd wrth wraidd dyhead Sharon i lwyfannu *Gobeithion Gorffwyll* yn y lle cyntaf. Herio'r *gaze* gan fynnu ymateb. Rhyddid.

Wedi magu hyder gyda'r cynhyrchiad hwnnw (a lwyfannwyd dan adain Theatr y Byd), aeth Sharon yn ei blaen i sefydlu cwmni Rhosys Cochion gyda Catrin (chwaer Siân Edwards), ac o dan adain ei chwmni ei hunan llwyfannodd y tair monolog a welir yn y gyfrol hon, *Ede Hud, Holl Liwie'r Enfys* a *Trafaelu ar y Trên Glas*, tair drama atgyrchol (*reflexive*) sydd at ei gilydd yn olrhain y digwyddiadau allweddol yn ei bywyd gan eu gosod yng nghyd-destun hanesion ei pherthnasau a'u chydnabod benywaidd. Wrth wneud hynny, rhoddwyd llais i'r mud ac urddas i fywydau menywod anweledig: *her-stories*.

Cofiaf weld Sharon yn perfformio *Holl Liwie'r Enfys* a'r hyn a'm trawodd i am y perfformiad hwnnw oedd yr ansawdd amgen a oedd yn perthyn iddo. Roedd ei pherfformiad yn llawn gonestrwydd a diffuantrwydd: nid esgus 'bod' a wnaeth hi, ond bod yn ei hawl ei hunan, a hynny'n ddidwyll ac yn ddigyfaddawd. At ei gilydd mae'r tair monolog yn y gyfrol hon yn dilyn taith menyw o'i phlentyndod hyd heddiw: taith mam ac actores a fynnodd dorri cwys ei hunan, cwys un a fyddai'n mynnu – wedi Aberystwyth yn benodol – asio'r wleidyddol a'r personol a dawnsio i'w rhythm ei hunan. Cronicl cychwyn y broses honno yw *Holl Liwie'r Enfys*: deffroad menyw ifanc yn rhywiol ac yn wleidyddol cyn iddi gamu i'r byd llawn gobaith a chariad: 'Un tro amser maith yn ôl odd 'na ferch ifanc yn paco cês ... mae'n llanw pob twll a chornel a mae'n cael popeth miwn. / A mae'n barod. / 'Oh girls look at the sky' / Mae'n mynd wrth 'i hunan / yn betrus yn syfrdan / i dorri ei llwybr / ar Fynydd Breuddwydion' (tt. 132)

Holl Liwie'r Enfys

Un tro, amser maith yn ôl odd 'na ferch fach ar waelod yr ardd, le ma'r tylwyth teg yn byw. Mae'n sefyll dan y goeden geirios, coeden geirios fel crinolin cawres, yn ffroth o binc yn erbyn yr awyr las, fel 'se chi yn Japan. Yn binc fel bwni *blancmange*, a dillad doli, yn binc fel bolero angora, yn binc fel roc Porthcawl. A ma'r ferch fach yn pigo blode'r goeden geirios, a'r canno'dd o rhosynne bach pinc sy'n blodeuo'n y berth. Mae'n twtsho felfed eu cro'n nhw 'da'i bysedd bach pinc. 'Run lliw â'r rhosod. 'Run lliw â'r ceiriosod. O ma'n nhw'n gwynto'n ffein.

Ma nhw'n hala 'ddi mas o'i hunan

ma'r gwynt mor gryf

mae moyn citsho yn y gwynt

mae moyn bia calonne'r ceiriosod

mae moyn dala eneidie'r rhosod

mae moyn sugno'r sent

sent i ga'l bod fel ei mam hi

Ma' mashîn yn y ledis yn llawn o sent glas

chi'n roi grot yn y slot a mae'n sgwyrto fe mas

Blue Grass Le Train Bleu

Sent i ga'l dabo

tu ôl 'iddi chlustie

Sent i ga'l dodi

tu fiwn 'ddi garddyrne
Sent tu ôl bobo benglin
Sent i ga'l bod fel 'i mam hi
Ma' poteli glas tywyll yn Woolworths
ma' nhw'n galw fe'n Soir De Paris

(*Yn canu*)
'Wouldn't you like to be
La la la la la la
Under the bridges of Paris with me
La la la la la la...'

Mae'n ercyd hen sosban
mae'n sefyll ar gader
ôl dŵr glaw o'r gasgen
mae'n llanw fe lan
Mae'n dala pob blodyn
yn ddwfwn o dano
Mae'n boddi y blode
blode y rhosod
a blode'r ceiriosod
Mae'n toddi'r calonne
a gwasgu'r eneidie
Mae'n gwasgu nhw mas
Yn gwasgu a gwasgu
'da'i dilo bach tyner
'da'i dilo bach pendant
'da'i bysedd bach pinc
'Run lliw â'r rhosod
'Run lliw â'r ceiriosod

Ma'r sosban llawn sent
Mae'n hala 'ddi mas o'i hunan
Mae'n hala 'ddi mas
Mae'n arllws y cwbwl i botel top aur
A mae'n dabo ened rhosyn
a calon ceiriosen
Tu ôl iddi chlustie
Tu fiwn 'ddi garddyrne
Tu ôl i bobo benglin
A mae'n hala 'ddi mas o'i hunan
Mae'n hala 'ddi mas...
(*yn canu*) 'Wouldn't you like to be, la la la la la la...'

Mae'n ware tŷ bach mewn hen gar heb olwynion
yng ngŵn nos ei myn-gu a swdle aur plastig
a sêr yn y swdle
Mae'n genol y parti
Mae'n yfed *cherry cocktails*
A mae'n trafilu ar y trên glas
ar shwrne wyllt i rwle
Shwrne sy'n rhamantus
Shwrne sy'n gyffrous

Mae'n trafilu ar y trên glas trw' dwllwch y nos
Mae'n mynd trw' genol unman
Sneb yn gwbod le mae'n mynd
Sneb yn gwbod le

"One a clock two a clock three a clock rock,
four a clock five a clock six a clock rock,
seven o'clock eight o'clock nine o'clock rock
we're gonna rock around the clock tonight,
we're gonna rock rock rock till the broad daylight... '

Un tro, amser maith yn ôl, o'dd na ferch fach yn ishte ar wal y pwmp, y pwmp ga'th y pentre i gofio am cwîn Fictoria, yn gryndo ar storis am Bill Haley a'i Gomets, a'r danso drwg yn y *pictures* ar nos Sadwrn. Ma fe'n rong ond ma' fe'n sbri, ma fe'n tsiep a ma' fe'n gomon fel gryndo ar radio Luxembourg o dan y carthenni yn y nos. A ma'r gwair yn goglish 'i choese 'i, a ma'r nadro'dd llwyd yn modrwyo'n araf hibo blode'r menyn wrth i'r plant mowr fynd â hi am drip i'r lliad.

(*Yn canu*) 'I see the moon, the moon sees me
Under the boughs of the old apple tree
O let the light that shines on me
Shine on the one I love.'

Mae'n cied ei llyged a mae'n dala'n dynn, a mae'n mynd lan a lan a lan yn bell bell uwch ben y pentre, mae'n gallu gweld y pentre i gyd. 'Co'r fynwent, 'co'r eglw's, 'co'r ysgol, y Lion a'r Rosan, 'co'r afon Gwendraeth fach.

Seren ar y 'with i ti

Seren ar y dde

Seren o dy fla'n di

Wotsha dy ben

A ma' ni wedi cyrra'dd

Ni'n ishte ar y lliad

(*Yn canu*) 'Blue moon I see you standing alone la la la la la la... '
co'r miwsic 'na 'to, mae'n sibrwd drygioni...'

A ma' Delyth yn jeifo
Ei llaw yn 'i law e
mae'n mynd nôl a mla'n
a'i thra'd jest yn symud
yn ei *slip-ons* glas fflat
a'i gwyneb yn wag
ma'i gwyneb 'i'n blanc
sdim tensiwn jest rhyddid
ma' jeifo'n gelfyddyd
(*Yn canu*) 'Be-bop-a-lula she's my baby
Be-bop-a-lula don't mean maybe'
Mae'n troi a mae'n troelli
Mae'n troi mae'n chwyrlïo

Mae'n ddiwrnod o haf
mae'n chwyldro gwrthryfel
Bill Haley a'i debyg
yn corddi y dyfroedd
yn newid y byd
Ond ma' Delyth yn dawel
dyw hi ddim yn gweud llawer

Ma'i gwefuse 'i fel ceirios
ma'i boche hi'n binc
ma'i llyged fel llynno'dd
yn fowr ac yn frown
Mae'n gorwedd yn dawel
yn dawel dan goeden

ma'r haul ar ei gwyneb
trw' batrwm y dail
Ma'u boche hi'n binc
a'i gwefuse mor llawn
Ar ei garddwrn ma' breichled
o flode gwyn plastic
rownd ei gwddwg ma' *locket*
siap calon ar tsaen
Dan 'i ffrog haf lliw melyn
ma'i phaish net yn dangos
Mae'n troi'i phen yn araf
mae'n troi a mae'n gwenu
Mae'n cied ei llyged
mae'n ysgwyd ei phen hi
Mae'n werthin yn ysgafn
ma'i dannedd hi'n wyn

Ma' Delyth yn dawel
dyw hi ddim yn gweud llawer
ma'i sboner yn carfo eu henwe
'da cylleth ar goeden
siap calon a saeth

Ma' heno'n nos Sadwrn
ma' lot fowr o Delyths
yn cered y strydoedd
yn edrych yn joglyd
a'u henwe 'di carfo ar fforestydd o go'd
Ma' nhw'n bert ma' nhw'n dawel
dy'n nhw ddim yn gweud llawer

(*Yn canu*) 'I've got myself a crying walking sleeping talking
living doll.'

Ma' tawelwch mor rhywiol
yn hynod ddeniadol
Ma' Delyth yn felys
ma'i weld yn bwerus
heb symud heb siarad
heb godi bys bach

Ma Delyth yn shwgyr
Ma Delyth yn fêl

(*Yn canu*)
'Honey in the morning
Honey in the evening
Honey at suppertime
Be my little Honey and love me all the time'

Digon melys i fyta
Ne' o lia i dasto
Fel blodyn i bigo
Ne' lolipop i lio

(*Yn canu*) 'Lolipop, lolipop ooh loli, lolipop...'

Mae'n bwerus mae'n felys
ma'i jest fel pot jam
Ma'r picwns yn casglu
a wedyn yn boddi

Ma' Delyth yn dawel
dyw hi ddim yn gweud llawer
mae'n gwenu yn araf
mae'n gwenu fel sffincs
Ma' Delyth yn bymtheg
Mae'n soffistigedig

Mae moyn bod yn Delyth

Un tro, amser maith yn ôl, o'dd 'na ferch ifanc yn cerdded lawr
y llwybre gwyrdd. O'dd y perthi'n llawn o flode: blode'r lla'th
a blode'r menyn, blode fel conffeti gwyn, blode'r nidir a blode'r
rhosod gwyllt. A mae'n popo'r blode pisho cath a mae'n byta'r
shifis gwyllt sy'n steino'i gwefuse 'i'n goch. Hibo stan' la'th Nant–
llan a dros y bont le ma'r blode na'd fi'n angof a blode lili'r dŵr;
lan trw'r ca', dros y sticil, lan hewl fach a miwn i'r goedwig le ma'r
garlleg gwyllt a clyche'r gog a coc y tarw'n tyfu. A mae'n croesi'r
clos a mynd miwn i'r gegin dywyll ôr, le ma'r ham yn hongan a
papur melyn i ddala'r clêr a fflags ar y llawr a tegyl ar y tân a
CWCAN!

Menyn tew a shwgyr gwyn
a lard a can a marjarîn
shwgyr eisin a jam

Basin mowr brown
a hen lwy bren
a'r briche mowr
yn cymysgu cymysgu
y menyn a'r shwgyr a'r can
y wye melyn a
pinshed o halen
Y briche cryf

yn pwno pwno
cymysgu cymysgu
A ma'r dishen yn byblo
a 'wyddo a dwblo
fel rwbeth a meddwl i 'unan

Tishenod a jam a *butter cream*
a pice bach a sgons
paste fale a tishen Madeira
Chocolate éclairs a *cream horns*

Te a tishenod ar y ford fowr sgwar bren

Dewch ma'n, un fach arall

Na, na, dim diolch

Jest un fach

Na na, wi'n olreit

Dewch ma'n, ma' nhw'n ffein

Na, wi'n llawn

Dewch ma'n

Na, wi'n shwr

Chi'n shwr bo' chi'n shwr?

Wi'n shwr bo' fi'n shwr, na, na, na

Dewch mla'n, jest un fach, chi moyn e, dewch mla'n, ma' pawb yn
gwbod bo' chi moyn e achos MA 'NA' YN MEDDWL 'IE' ROWND
FFOR 'YN
Wrth gwrs bo' chi moyn e – 'CO CHI!
Diolch.

Dethon nhw 'ma i fod yn wragedd –
Mrs Tomos, Mrs Davies, Mrs Lewis, Mrs Morgans

Lan lofft yn y bedrwm yn nhwllwch y bedrwm
Ma' casandrârs mowr trwm
a yn y drâr gwilod
ma' doilis a *tray cloths*
ma' llestri a *sheets*
a jwg fach siap buwch

Beth yw oedran y ferch nawr?
Mae shw fo'n *thirteen*
Mae'n wompen on'd yw 'i
Neiff hi wraig cyn bo hir
A *slow* fach ma'r drâr yn llanw

lle bod hi'n mynd â dilo gwag
at y bechgyn a'r *brylcreem* yn 'u gwallt

Tu ôl i'r drws yn hongan
ma' ffrog goch 'da ede aur

Ffrog goch i'r ferch ga'l gwishgo
Ffrog goch i ddodi arno
Ffrog goch 'da ede aur
pan bydd hi'n mynd i ddanso
'da'r bechgyn 'da'r dilo
sy'n ca'l 'u clampo
ar wilod 'i chefen pan byddan nhw'n danso
ar wilod 'i chefen yn dynn

Y bechgyn sgwâr yn 'u siwtie du
'da'r gwynebe ffresh a'r boche coch
y bechgyn 'da brylcreem yn 'u gwallt
a'u sgitshe nhw'n shino
ma' nhw wedi polisho
Mae'n gallu gweld ei gwyneb yndyn nhw

Yfed fodca a leim
Yn y Polyn a'r Stag
Neud acrobatics yn gefen y Jag

(*Yn canu*) 'Ble'r wyt ti'n myned, fy morwyn ffein i?"
Myned i odro, O Syr,' mynte hi.
'O'r ddwy foch goch a'r ddau lygad du
Yn y baw a'r llaca, O Syr, gwelwch fi.'

Ond lawr yn y parlwr
Y parlwr mowr pwysig
le ma popeth yn shino
le ma'r piwter
a'r jwge *copper lustre*

a'r hen gwbwrt cornel
a tican y cloc
a gwynebe'r dy-cus
yn eu fframe trwm pren
a'u llyged fel cerrig
yn rybudd i bido

Yn gorwedd ar gader ma dillad y Gram
Y *blazer* a'r *beret* a'r *gaberdine*
yn gorwedd ar gader i bawb i ga'l gweld e'
Fel corff

Mae wedi paso'r *scholarship*
mae mynd i fynd i'r Gram
Neiff hi'n dda yn 'r ysgol
fe dorriff hi'r tsaen

Dim bwydo'r lloi
Dim plyfo'r ffowls
Dim cario bwyd i'r ca' top at y dynon
amser cwen gwair

Dim godro
Dim carthu
Dim reido nôl ar ben y cart
Dim drifo'r Ffyrgi bach

Wi'n mynd i'r banc
Yn y banc ma' popeth yn 'i le
ych cefen lan, ych 'sgwydde nôl
A chi sy'n dodi'ch enw lan i ddangos pryd chi'n rhydd

Ma'r banc yn lân
Ma' gole gwyn
Sdim ishe cwato welingtons yng ngwilod clawdd yn Brighton
na cario stiletos fel Sinderela
a dala ffrog llawn peishe fel bwnshed o flode
uwch ben y llacs

I'r banc â hi
Tu ôl i'r glas
Mae'n gwitho naw sbo pump
Ond dim *weekends*

Wi'n symud rownd o le i le
a fi sy'n dewish le i fynd a pryd i ddangos bo' fi'n rhydd
Wi'n dodi'n enw lan: 'Miss Gwenda Jones.'
Af i i'r banc
Sdim byd yn tyfu yn y banc, sdim byd yn newid byth
Sdim ots os bydd hi'n bwrw glaw na ceser cas sy'n llosgi'r cro'n na
eira mowr a rhew
Sdim tywydd yn y banc

Chi'n gwbod le y'ch chi – yn y banc

(*Yn canu*) 'The farmer wants a wife, the farmer wants a wife,
ee aye addio, the farmer wants a wife...'

Un tro, amser maith yn ôl, o'dd 'na ferch fach yn ware ar iard yr
ysgol, o'dd hi'n gwishgo ffrog haf a colyr Peter Pan a bwtwne coch,
a odd hi'n cysgu miwn racs yn y nos i ga'l *ringlets*, a o'dd dou ruban
coch yn ei gwallt hi. (*Yn canu*) 'And I will bring you scarlet ribbons,
scarlet ribbons for your hair.' A o'dd hi'n ware 'In and out the
windows' a 'The big ship sails on the alley alley o,' a 'L-O-N-D-O-N

spells London,' a 'Lucy Locket' a 'Oranges and Lemons'. 'Here comes a candle to light you to bed, Here comes a chopper to chop off your head.' A o'dd peg trays yn yr ysgol holl liwie'r enfys, coch a melyn a pinc a glas ac oren a porffor a gwyrdd. A yn yr ysgol o'dd dou ddeg pump o blant a yn yr ysgol o'dd hi'n dysgu darllen a widdodd hi, 'Yr oedd bachgen bach yn byw yn y TŶ GWYN!' a ga'th 'i'r gansen ar 'i llaw. So chi fod i widdi, so merched fod i widdi, ma' merched fod i ddysgu gwau. 'Hen wraig fach a siol amdani, 'phen hi mas a bant â hi'...

O Dad yn deulu dedwydd
Diolchwn i ti o'r newydd
Rwbeth rwbeth rwbeth
Ein ymborth a'n llawenydd, Amen.

(*Yn canu*) 'Canwn yn y bore
   La-la-la-la-la
   Yn yr hwyrnos dywyll
   Gwylia drosom ni'

Mae'n ôr a mae'n cyrnu
Ma' cryd ar 'i briche'i
Mae tu fas i'r drws
Tu fas i'r goleuni

Troi'r bwlyn yn araf
troi'r bwlyn yn dawel
yn dawel a'n garcus
i weld miwn i'r stafell
Mae'n dishgwl trw'r crac
mae'n gweld y lliwie llachar
mae'n gweld y lliwie disglair

fel goleuni'r môr miwn jare
yn stori Rupert Bear
Mae'n ofon baglu
Mae'n ofon tagu
ofon gweud y peth rong
dim gire dim iaith
ma'i thafod hi'n gaeth
bydd werthin a pwynto
gwynebe yn gwawdio
y lliwie llachar yn peidio os agoriff hi'r drws

Ma panic yn parlysu
ond mae'n ysu
i agor y drws

Geiff 'i chyhuddo
newn nhw gythruddo
a mae'n cywilyddio
mae'n timlo'r cywilydd
ma' cywilydd yn llwyd
ond mae yn y tywyllwch
yr oerfel a'r twyllwch
tu fas i'r goleuni
bydd neb yn 'i derbyn
ta faint bydd hi'n erfyn
dyw hi ddim yn perthyn
ond mae'n agor y drws

Sneb yn gweud dim

Mae'n llanw o gywilydd
ma' nhw gyda'i gilydd
ma' hi'n annerbyniol
mae'n ca'l 'i gwrthod
Yn gyfangwbwl
Ma lliw 'i llyged hi'n rong
Ond mae yn y goleuni
a ma'i ishe cwmni
ma' syched arni
mae'n unig tu fas
ma'i jest moyn diferyn
diferyn o heulwen

Pan mae'n mynd gytre
mae'n ofon 'i chalon
dyw 'i ddim yn gweud dim
Mae'n euog
Mae'n gwbod
Na'th 'i dorri'r rheole
mae mor anodd cofio
ma' nhw'n newid mor amal
wthnos dwetha o'n nhw'n wanol
o'dd ei ffrog 'i yn rong
A cyn 'ny a cyn 'ny
o'dd rwbeth yn bod
O'dd hi ddim yn shwr beth
ond o'dd rwbeth yn bod

A se'i'n cownto'r dyddie

a ado nhw lan
yr holl wanol bethe
bydde popeth yn bod
Ei phleth hi a'i chwrls hi
rubane hancsheri
ei sgitshe a'i lasus
ei sgyrt hi a'i blows hi
gwefuse a'i thrwyn hi
ei dilo a'i gwinedd
ei briche a'i choese
ei dannedd a'i chlustie
ei llaish a'i werthiniad
y ffordd o'dd hi'n siarad
ei stymog ei chefen
y ffordd o'dd hi'n llefen

Beth sy'n marw tu fiwn?
Pwy ran o'r galon?
Pwy ran o'r ened?
Sawl deigryn sy'n bosib?
A le ma' nhw'n mynd?
Ma'r dagre'n troi'n gerrig
yn gerrig bach caled
ma' nhw'n byw yn yr ened
ma' nhw'n byw yn y galon
yn troi'n ddafne o iâ
Yn rhewi ei rheswm
Yn rhewi ei rhyddid
Hi yw brenhines yr iâ

Yn sefyll wrth ei hunan yn y gole gwan llwyd

Un tro, amser maith yn ôl, o'dd 'na ferch fach wedi 'i gwishgo
mewn dillad Cymra'g. Paish a betgwn o dŷ myn-gu a hat silc uchel
ddu o gro'n gwadden. Mae'n sefyll yn y drws yn Pembroke House,
mae'n gwenu a mae'n gweud 'Dewch i fewn'. Ma' fe'n swno'n od
ond mae'n gweud e 'to: 'Dewch i fewn.' A ma' pawb yn werthin.
Ma'r Americanwr yn tynnu llun. 'DEWCH I FEWN. Mae'n moyn
gweud 'miwn' ond mae'n rong, medden nhw. A mae'n gweud e
drosodd a throsodd, Mae'n agor y drws ac mae'n gweud 'DEWCH I
FEWN' yn ei dillad Cymra'g.

DEWCH I FEWN

DEWCH I FEWN

DEWCH I FEWN

O'dd yr iaith Gymra'g
fel glaw mân ar 'i phen hi
o'dd 'i'n socan i'r cro'n
o'dd 'i'n wlyb stecs potsh
heb wbod iddi
Cefnlen annelwig bywyd
yn gwbod bod e 'na ond byth yn cwestiynu
Fel gwyrddni'r perthi pert
trw' feil o law llwyd
Fel y briallu yn y clawdd
a'r dderwen yn genol y ca'

Fel pwmp y pentre
Fel crawcian llaish Mrs Phillips Preswylfa
a gwên John John
Odd yr iaith Gymra'g yn hat Gwen fach

a pwdin reis â cyrens Mrs Jones y Cwc

Odd e ar feic Phyllis y Post

wrth iddi fynd yn 'i thrwser *Royal Mail issue* a streipen goch lawr
yr ochor

I Ystradfowr a Coedlline

I'r Gelli a Llwyncrwn

Odd e yng ngwallt du hir sgleiniog Black Bess ddrwg ddansherus

ac ar y map o bo'n ar wyneb Jem le gwmpodd 'i i'r tân

Odd e ar fedd Peter Williams y Beibil

ta pwy o'dd e

Mae'n ishte ar 'y mwys i

yn byw drws nesa

yn cario bwced

yn morthwylo'r pren

yn adeiladu arch

a palu'r ardd

Yn tyfu cynybêns

yn bwydo'r cym bacs

O'dd yr iaith Gymra'g yn ticlo bola penbwl

yn ôl jwg o gwrw o'r gasgen yn y seler

Yn brwsho llawr yr ysgol

Yn mynd i ware whist

Dim ond ffordd o siarad yw e

y gire o'n nhw'n iwso

y gire o'n nhw'n gweud

wrth fyw 'u bywyde bob dydd

Fel cefnlen
Fel gweld y tirwedd trw' haenen o law

Iaith letwith a amherthnasol yw Cymra'g
Do's dim Cymra'g ar Radio Luxembourg
Na ar *Emergency Ward* 10
Do's dim Cymra'g ar *Wagon Train* 'da Robert Horton
Sdim llyfre diddorol
dim canu pop
Dim ond eisteddfod Llanelli yn y glaw
A beth yw gwych ond sŵn mochyn yn sgrechen?

Ody'r Gymra'g yn fwy na hyn?
Yn fwy na Eifion Wyn?
Odyw 'e'n fwy na I. D Hooson?
Yn fwy na'r border bach?
Yn fwy na Crwys a 'Dysgub y Dail'?
Odyw 'e'n fwy na Ceiriog?
(*Yn canu*) 'Os hoffech wybod sut mae dyn fel fi yn byw'

Mae'n rwbeth sy'n perthyn i'r o's o'r bla'n
fel codi'r lludu a'r wermwd lwyd a sâm gwydd ar y tsiest
Fel drâr llawn llwch drâr dillad mas o ffasiwn
hancsheri angladde
a gwn-nosus babis wedi marw

Cyn Siân

Da'th Siân o'r Barri
o'dd hi'n ware'r banjo

o'dd hi'n siarad *funny Welsh*
Odd hi'n torri rheole
yn siarad cyfrole
o'dd hi'n siarad *funny Welsh*

Dansherus annishgwl
A cwbwl wahanol
Yn gweud 'neidio' a 'dringo'
nid jwmpo a cleimo
A 'cychwyn' a 'gwthio'
nid starto a pwsho – o'n i ffili diall hi
'I'm not talking to you, you talk funny Welsh'
Ond ar ôl sbel
'na'th yr hanes a'r chwedle
a'r 'oll draddodiade
o'dd jest dan y wyneb
Cyn Siân
Neud sens
Da'th y gwridde a'r ystyr
da'th llygedyn o obeth
a'r 'oll hen wybodeth
o'dd yn cefen y meddwl o'r bla'n
Yn glir
Ar ôl Siân
(*Yn canu*) 'Wrth feddwl am fy Nghymru daw gwayw i nghalon I'

A wedyn da'th GWYNFOR
a'r byd yn troi rownd
O'dd e'n fwy na gire

O'dd e'n sownd i wlad –

(*Yn canu*) 'Mae'n wlad i mi ac mae'n wlad i tithe....'

O'dd e'n dal yn y dderwen

y briallu a'r afon

o'dd e'n dal miwn bwcedi llawn lla'th

Ond nawr o'dd e'n bobman

o'dd e mas yn agored

nid cyfrinach dirgelwch

i gwato osgoi anwybyddu

O'dd e'n sownd i fi

Ar ôl Siân

(*Yn canu*) 'Mae'n wlad i mi ac mae'n wlad i tithe

O gopa'r Wyddfa i lawr i'w thraethau,

O Fôn i Fynwy, o'r de i'r gogledd,

Mae'r wlad hon yn eiddo i ti a fi.'

Un tro, amser maith yn ôl, o'dd 'na ferch yn mynd lan tyle, yn mynd lan y tyle serth. O'dd e'n arwain mas o'r pentre. O'dd y tyle'n serth a'r *bus-stop* yn bell, o'dd hi'n cered yn gloi, hibo'r Rosan a hibo Cwm-bach le o'dd Tom yn pipo tu ôl i'r gasgen a gwenu'n od, o'dd hi'n dechre rhedeg wedyn, o'dd hi'n cyrra'dd y top, ma'r bys yn dod llawn swn a stêm, mae'n sgrifennu'i henw ar y ffenest: 'My name is N or M and I'm a headcase.'

Mae'n cyrra'dd yr ysgol, ma' canno'dd o blant, shwt gyment o blant, dyw hi erio'd wedi gweld gyment o bobl miwn un lle o'r bla'n – a ma' nhw i gyd yn ferched!!

Newid i'r daps a miwn i *assembly*, dim ond Saesneg fan 'yn,

'God save our gracious queen.'

Yn dawel, dim siarad, y 'sgwydde nôl, pen lan, *Hic Haec Hoc*.

(*Yn canu*) 'And did those feet in ancient times
Walk upon England's pastures green...'
Miss Austen wrth y drws 'da'i chordyn a'i sialc
Sialc i wynnu'r daps rhag ofon bo' nhw'n frwnt
A cordyn i glwmu'r gwallt rhag ofon bod e'n rhydd

(*Yn canu*) 'My mother bids me bind my hair...'

Miss Austen
Fel doli borslen
Ei gwallt fel yr eira
ei siwtie dilychwin
ei sgitshe *size twos*
yn edrych dros 'i sbectol
fel hen fyn-gu annwyl
yn parlysu rwyn da ofon
Ma'n calonne'n dechre pwno
ni'n cyrnu yn yn daps
ni'n ffili anadlu
ni jest â llewygu

'Never brush your hair in public, girls. I was sitting in a
compartment in a train the other day when a young girl produced
a brush from her bag and began brushing her hair... IN FRONT OF
EVERY BODY!' O FLA'N PAWB!

A o'n i'n dychmygu gwallt Miss Austen yn datod fel rhaeadr lliw
lla'th ôr yn arllws lawr ochor y mynydd
yn arllws am filltiro'dd, milltiro'dd a milltiro'dd

O'dd hi'n cadw'i gwallt
wedi rowlo'n dynn dynn
yn dala fe yn ei le
'da pinne siarp metal pinne cas creulon
a wedyn dodi net
i ddala fe'n didi jest le ma' fe fod
Man'yn a man'yn a f'yna
Tan y nos
Pan yn ei gŵn nos *winceyette* gyda ffrils
mae'n tynnu nhw mas
a gadel e lawr
a mae'n brwsho a brwsho a brwsho
Tan y nos pan heb ei gŵn nos
a'i gwallt hi i'r llawr
mae'n danso'n noeth rownd yr ardd

(*Yn canu*) 'And was Jerusalem builded there, among these dark
satanic mills...'

'build a bonfire, build a bonfire, put the teachers on the top...'

Ma' Nellie May yn dysgu biol...

Yn y labordy ma' jare bob seis
yn llawn *formaldehyde*
a pethe wedi'u piclo
yn oifad miwn stwff cymylog
stwff fel jeli brown

Cyrff wedi'u rhewi

Brogaed wedi stretsio
Llyged seis peli yn woblo
Cro'n plu a gwinedd
tra'd coese crafange
a ambell i bawen
O! O le mae'n 'u ca'l nhw?
A babi cyfan miwn potel!
O le gath hi hwnna?

Yn genol y nos
mae mas yn y goedwig
'da fflachlamp a rhwyd yn ei chlogyn hir du
Mae'n cered yn dawel trw'r brwyn a trw'r gwair
rhaff drwchus a cylleth a clorofform
arsenic a bwyell
A bwced o ddŵr
Mae'n gwishgo ei *waders* i fynd miwn i'r afon
sdim sgrech na ochenaid
sdim edifarhau
dod nôl i'r labordy yn cario hen sach
Mae'n cysgu dan ddesg 'sbo'r haul yn codi
'Build a bonfire, build a bonfire, put the teachers on the top...'

O'dd Pwsi Willows yn dysgu cemeg...

O'dd 'i choese hi'n *bandy*, o'dd i'n dishgwl fel cath
Gwallt byr llwyd a sbeici
ffyr ar 'i gwyneb
a whishgars!

O'dd hi'n siarad yn araf
pwysleisio bob gair
'Naow theeen gaals.'
O'dd 'i meddwl hi'n chwim do's dim dowt
galle 'i ladd chi 'da'u llyged
os chi'n hwyr 'da'ch gwaith cytre lwc owt
O'dd da'i fflasce a pibe
test-tubes o bob maint
yr asid a'r *crystals hydrogen oxygen nitrogen phosphate* swlffwr
SWLFFWR!

Hi o'dd y diafol!
O'dd da'i bopeth o'dd ishe i neud BOM!
A dyna'r esboniad
a dyna ei bwriad
o'dd hi'n fishi'n y *chem lab*
yn cymysgu'r 'oll nwyon
yn fishi'n creu ffrwydron
os nag o'n ni'n gryndo
bydde 'i'n
hwthu ni lan!

(*Yn canu*) 'Build a bonfire, build a bonfire...'

O'dd Ma Morris yn dysgu Lladin
Amo amas amat amamus amatis amant
Ei gwallt seimllyd du wedi pyrmo
ond yn fflat ar y top
a'r pishys anniben o'dd yn hongan reit lawr

dros ei thalcen llawn spots
yn symud lan a lawr gyda'r gwiddi
Cro'n gwyn fel 'i sialc i
a lot o lipstic coch
mae 'di miso'i gwefuse
ma' peth ar ei boch
mae'n edrych fel Dennis the Menace
Mae'n sgrechen, mae'n rhuo
mae'n cadw ni MIWN
bob awr gino am wthnos
i ddysgu am Caesar
i ddysgu ein gire
i ddysgu ein berfe
amo amas amat
os bydd hwn o werth
fe fytai'n hat...

Translate the following:

'A quarrel about an ass's shadow.'
'An ingenious donkey driver.'
'Ulysses pretends to be mad but does not deceive Palamedes.'
'A murder is revealed by dreams.'
'A glorious death.'

Beth yw'r gair Lladin?
Beth yw'r gair Lladin am 'ladd'?
O's gair am 'ddienyddio'?
gair am 'lofruddio'

am 'grogi' am 'dagu' am 'fogi'?
wi'n dechre enjoio
'Et Tu Brute'

O'dd Vera'n dysgu Saesneg.

Vera Vera mae hi'n gwishgo *mules*
Ma' nhw'n wyn ma' nhw'n sofft ma nhw'n *suede*
Mae'n symud yn dawel
yn llyfn a diymdrech
mae fel bod arallfydol
ei gwallt hi yn wynlas
wedi'i steilo yn berffeth
mae'n berle mae'n silc
a mae chro'n hi mor frown
Rownd 'i gwddwg sgarff sidan
ei phen yn yr aer
mae'n aristocratic
mae'n hollol ddramatic
mae'n ofnadw' o gain
Mae'n codi 'i aelie
Yn syth ni'n tawelu
Ni'n addoli 'i hysbryd
'i meddwl disgybledig
ffraethineb do's mo'i debyg
ni moyn bod fel hi

'Oh, girls, look at the sky'

Ni'n edrych ar yr awyr bob dydd
A ryfeddu

Merched disgleiria 'u cenhedleth
wedi byw trw' dau rhyfel byd
Deallus pwerus hyderus brawychus

Un tro, amser maith yn ôl, o'dd *exams* yn yr ysgol ar ddesgs yn y
gym le o'dd jeifo pan o'dd hi'n bwrw a bare ar y wale a rhaffe sy'n
scarjo'r cro'n. Chi'n ca'l marcs mas o gant am *exams* a ma'r ferch
yn trial 'i gore, mae moyn bod yn dda, mae rili moyn paso, mae
moyn ca'l marcs uchel, mae rili moyn paso'r *exams*

Wi moyn i chi
Lico fi lico fi
Caru fi caru fi
W! wi'n caru chi
Chi moyn fi? chi moyn fi?
Cymrwch fi cymrwch fi
unrhyw ffordd chi moyn fi
byddai'n gwenu a bod yn neis
a bydd popeth yn olreit

Wi ffili neud yn feddwl lan
wi ffili meddwl dros yn 'unan
wi'n wotsho beth ma'r lleill yn neud
os wi'r un peth
wedyn wi'n olreit

Yr un jîns
Y jîns diweddara

(*Yn canu*) 'Venus in blue jeans, Mona Lisa with a pony tail'

Sai moyn dishgwl yn wanol
wi moyn bod fel pawb arall
wi moyn bod yn gyffredin
wi moyn bod yn normal

Chi'n lico fi lico fi?
Wi'n trial yn galed
Galetach galetach
A jocan
jocan bod yn llawn hyder
a wastod yn gwenu
a werthin a werthin
fel sen i'n hapus
a sdim byd yn bod
Ma' bywyd yn grêt
fi yw'r ferch berffeth
yn y tŷ perffeth
'da'r dillad perffeth
'da'r gwyneb perffeth

Wi'n ferch dda
Wi'n paso'r *exams*
Mae'n bwysig neud popeth yn iawn

Ni'n dulu neis
Ma' 'da ni gyllyth pysgod
a llien ford

Ni'n gryndo ar y radio
criced ar y radio ar ddydd Sadwrn yn yr haf
gwynt tybaco
'Two Way Family Favourites' amser cino ar ddydd Sul
pys a grefi

(*Yn canu: Nunc Dimittis*) 'O Lord, now lettest thou thy servant
depart in peace according to thy name...'

Mae'n mynd i'r eglws ar ddydd Sul
Yr *hassock* a'r *cassock* a'r *surplice*
y cymundeb a'r peth dala cyrff
ffenestri bob lliw
y goron ddrain a'r hoelon
Mae'n cnau beddi yn y fynwent

Ma'r diafol yn y fynwent
a deryn yn ei law
os redai rownd y bedd 'ma duddeg gwaith deiff e mas

A yn y fynwent ma' tylwythen deg
yn danso yn y co'd

Mae'n cnau'r beddi
Mae'n gwitho'n galed
sgrwbo a sgrwbo

Mae'n cnau bedd Desmond farwodd wrth fyta banana anaeddfed
pan dda'th e ar 'i holideis i *schoolhouse*
Clustog garreg

Gobennydd o farmor
Mae'n cnau'r beddi i gyd

Blode pastel, colomennod gwyn
yn glyd
miwn dôm o las
Angylion a adenydd anferth yn darllen llyfre

'yr hyn a allodd hi a'i gwnaeth'
R. I. P.
Hedd Perffeth Hedd
(*Yn canu*) 'Rho i mi'r hedd na ŵyr y byd amdano.'

O'dd hi'n meddwl
bod hi'n marw
O'dd hi'n iawn

Mae'n mynd i'r eglws bob dydd Sul
Gwynt *chrysanthemums* y cwrdde diolchgarwch

(*Yn canu*) 'We plough the fields and scatter the good seed on
the land.'

'All things bright and beautiful,
All creatures great and small,
All things wise and wonderful,
The Lord God made them all.'

Y tro cynta' welodd hi'r gair o'dd miwn llyfyr gweddi cyffredin
'Fuck.' 'O lord we have erred and strayed in our ways like lost
sheep, we have followed too much the devices and desires of our

own hearts' 'Fuck.' 'Our father which art in heaven, hallowed be thy name, thy kingdom come, thy will be done...'

'Fuck.'

A mae'n redeg mas o'r eglwys trw'r fynwent hibo'r beddi glân a lawr trw'r cie at yr afon, mae'n tynnu'i sgitshe a'i sane, codi'i sgyrt a cered miwn i'r dŵr a mae'n sefyll yn yr afon iddi ga'l timlo'r bywyd yn llifo rynt ei choese 'i, yn llifo a llifo, dŵr ôr byw'r gwanwyn yn llifo rynt ei choese' i iddi ga'l gwbod 'bod hi'n fyw

Un tro, amser maith yn ôl, o'dd 'na ferch yn padlo yn yr afon le ma iâr fach y dŵr a gwas y nidir a'i adenydd lliw'r enfys – coch a melyn a glas a gwyrdd a oren a porffor, lliwie'r enfys yn hedfan hibo. Mae'n gwishgo siwt oifad goch neilon bybli, mae'n padlo yn yr afon le ma'r cerrig yn slip, 'cwmpo ni'n dou wel dyna chi dric.' A ma' gwallt hir gwyrdd y creauried sy'n byw dan y dŵr yn goglish ei thra'd hi, a ma'i thra'd hi wel' mor wyn yn nŵr yr afon a ma'r pysgod bach yn oifad rynt ei bysedd hi a ma'r gwybed yn ware'n ishel cyn i'r glaw ddod a mae'n shiglo'i phen a mae'n shiglo nhw bant 'da'i gwallt fel ma'r da'n neud a mae'n gorwedd ar y gwair i weld y siape yn y cymyle.

Mae'n gyffyrddus 'da'i chorff 'sbo 'i'n tyfu bronne

Ma' nhw'n grwn

Ma' nhw'n drwm

Ma' nhw yn y ffordd

Ma' nhw'n symud lan a lawr pan wi'n redeg

Wi moyn gwishgo crys-t tyn

a dim byd o dano

i ga'l bod yn trendi

ond 'alla'i ddim neud 'ny

a rhein o mla'n i

ma' nhw yn y ffordd
a wi ffili

Wi ffili rheoli 'nghorff ma' fe'n wyllt
mae'n anifail ma' rhaid i fi'i ddofi
ma' fe mas o reoleth mae'n estron mae'n ddierth
nage hwn o'dd 'da fi o'r bla'n
O! Y mawrdra anferthedd eithafrwydd
Ond y bronne yw'r gwitha
ma' nhw'n pallu sefyll le wi'n rhoi nhw
ma' nhw fel peli ar elastic
wi'n goffod gwishgo BRA

O'dd bras da Myn-gu
pethe shinog mowr pinc
a pan o'n i'n fach o'n i'n trial nhw mla'n
o'n nhw o'r o's o'r bla'n
o'n nhw'n gwynto o gamffor a lafant
Ma' da fi un neilon a rhosynne bach piws
a ma' Mam wedi prynu fel anrheg penblwydd
paish bert a *suspenders* i fatsio
ond ma'n sane i wastod yn sago

Wi moyn ca'l fflat tsiest – dim bronne
Wi moyn bod yn ddirgel fel Juliette Greco
sdim bronne 'da hi a dyw ei gwallt hi ddim yn cwrlo
achos 'na chi beth arall
diferyn o law a
ma' ngwallt anystywallt yn tyfu fel perth

a honno heb 'i thorri ers ache
Wi'n smwddo fe dan bapur brown
ma' pob cot sy 'da fi 'da hwd
wi'n gwishgo selotêp dros nos
ond diferyn o ddamp a 'na fe
pen fel Medusa
llawn nadro'dd
O! Y mawrdra anferthedd eithafrwydd
Ma' nghorff i'n *renaissance*
Ma ngwallt 'i'n *baroque*
O, o dwi ishe
bod yn ferch y chwedege
syth lan a lawr a dim bronne

Dyw bobol fel 'na byth yn gwenu
Wi moyn bod yn enigma yn berson diddorol
yn soffistigedig a deallusol
yn yfed coffi miwn *cafés* tywyll a smoco Passing Clouds
a'n canu fel Françoise Hardy
(*Yn canu*) 'Lamour s'en va et le tien ne saurait durer...'
a'n darllen Paul Verlaine

'Il pleut sur les toits comme il pleut dans mon cœur...'
A ta faint mae'n bwrw
mae gwallt pobol fel 'na'n aros yn streit
dim cwrlen, dim ton, dim cinc
a'n bendant dim bronne

Yr unig bryd o'dd i'n ffito miwn

o'dd pan o'dd hi'n watsho Miss World

O'dd da 'nhw fronne

o'dd 'u gwallt nhw'n donne

Wi'n practiso cered fel nhw

wi'n dangos yn nannedd

Miss Uruguay

Miss Brazil

Miss Ecuador

Miss Dominican Republic

Miss Venezuela

Nawr 'na gyd sy ishe fi neud yw lliwo' ngwallt

Un tro o'dd 'na ferch yn gryndo ar Annie Lodge. O'dd Annie Lodge yn gweud bod babis yn dod mas o'r bwtwn bola. O'dd y ferch ffili anghytuno, o'dd rhaid iddi gredu Annie Lodge o'dd hi ddim yn gwbod dim byd. O'dd hi wedi gweld *The Mastery of Sex* rynt *Crwydro Sir Gâr* a *Hen Dŷ Ffarm* ond o'dd hi'n gwbod ddyle'i ddim darllen e o'dd hi wedi clywed Percy Gelli'n gweud 'Cnycha bant' a o'dd hi'n meddwl bod hwnna rwbeth i neud â fe a o'dd hi'n bendant yn gwbod bod 'Fuck' rwbeth i neud â fe – a wedodd Annie bod Nan Llwyn Tywyll wedi geni babi miwn bwced.

(*Yn canu*)

O Mari Mari cwyn

Ma heddi'n fore mwyn

Mae'r adar bach yn tiwnio

Yn hapus yn y llwyn

Hw mla'n! Hw mla'n! Hw

O'dd hi'n gwishgo hen welingtons a rownd iddi choese

o'dd cylch coch parhaol o dan i phenglinie
le o'n nhw'n rwto
o'dd hi byth yn gwishgo sane
wrth iddi ôl y da miwn
'Dere, dere, dere'

Ei ffon – pren o'r berth
ar esgyrn mowr y cefne llydan
Hyw! Hyw! Hyw!
Kodak a Bluecow a Mari a Lili

Piner mowr llwyd a ffrog haf wedi ffado
hen ffrog ddi-siap hen got ddu heb fwtwne
Cap ar 'i phen a sach ar 'i gwar
y gwallt llwyd yn jengyd dan ochre'r cap
y blynyddodd wedi mynd a dod
ei gwyneb yn goch a brown 'da'r gwynt a'r haul
Agor a cied y gât
Codi ffon i weud 'Shwd y'ch chi?'
Hyw! Hyw! Hyw!

Cake yn y dish
Godro
Cario bwced
Arllws y lla'th i'r *churns*
y cathod yn aros am yr hufen
yn llio'u pawenne

Corddi menyn
Halltu

Mae'n bwydo'r ieir
'Dic dic dic dic
Dic dic dic dic'
Yr India corn yn creu patrwm ar y pridd
Nes mla'n newn nhw gysgu ar ben scimren
hi a'r ieir
Ond un noson yn hwyr bell yn ôl
pan o'dd hi'n ifanc ond ddim yn wahanol
a'th hi nôl at y llaethdy
a geni babi miwn bwced

Ma nhw'n dod mas o'r bwtwn bola
medde Annie Lodge
Pam dodi fe miwn bwced?
Fe foddodd e
Pam o'dd y bwced llawn dŵr?
Pwy o'dd y tad?
Ma' rhaid chi ga'l tad
Cyfrinach fowr
Dirgelwch

O'dd rhywun yn sibrwd sibrydion sidanaidd
O'dd rhywun yn galw fi'n 'Shidan' a 'Canwn'
O'dd rhywun yn galw fi'n 'Calon cabitshen'

yn hwyr yn y nos bell yn ôl
Cwrdda'n y nos yn yr hydref
Werthin a cusanu'n y gwanwyn
Yn hwyr yn y nos bell yn ôl

Mae yn ei dillad eglws
ei esgyrn mowr yn didi
o dan y dillad du
Ma' sane'n cwato'r marce coch
a menyg ar y dilo ryff
sy'n dal y llyfyr gweddi

'O Lord we have erred and strayed in our ways like lost sheep and
there is no health in us.'

Mae'n dodi blode ar fedd ei brawd
Boddodd y babi'n fwriadol
'na'r peth gore
Pam se'i 'di ca'l e yn y cie mas o'r ffordd
bydde neb yn gwbod wedyn
O'dd pawb yn gwbod ond wedodd neb ddim byd
jest edrych arni'n wanol
wrth iddi hebrwng y gwartheg
draw i'r beudy i odro
Cap ar ei phen
Sach ar ei gwar
a marce coch rownd ei choese
le o'dd y welingtons yn rwto

Sychu'i phlat 'da'i bara menyn
Yfed 'i the
Roi'r growns ar yr ardd

O'dd neb ar y ffarm ond hi a'i brawd
yn bell o bobman

Un tro, amser maith yn ôl, o'dd 'na ferch yn darllen llyfre yn hala diwrnode cyfan yn eira'r Pyrenees yn ruthro lawr y *rapids* 'da'i chalon yn 'i cheg yn ffindo'r stafell ddirgel tu ôl i'r dryse cudd miwn ogofeydd anghysbell tywyll tanddaearol, yn troedio temle euraid. Mae'n ishte ar ben mynydd yn y Swisdir gyda Heidi, mae'n byta fale 'da Josephine March, a hi yw Alice yng ngwlad hud a Pocahontas, Emmeline Pankhurst, Miranda 'Saves The Day', 'If It Hadn't Been For' Betty, 'Try Again' Margaret, Wendy a Jinx, Susan of St Brides, mae'n gallu bod yn rhain i gyd a hi yw Belle of the Ballet.

Pinc lliw samwn gole

Shidan shinog y bla'n yn grwn

a'n fflat yn gwbwl fflat

Y dro'd yn hirgrwn perffeth

a'r rhubane'n shinog shidan

wedi'u croesi miwn croes a'u clwmu'n

dynn

Pwynto'r dro'd binc

yn y slipyr shinog shidan

Slipyrs shidan

Pwynto tro'd

pwynto'n galed

co's yn syth

wedi 'mestyn

yn dynn

Co's fel harn yn gryf mor gryf

Mor bert y dro'd dynn

yn yr esgid bale binc shidan

a wrth iddi symud yn bertach byth

Ma'r dro'd yn glanio'n dawel

yn ail yn drydydd yn bumed

Pas de chat changements échappés arabesques

Moyn bod yn alarch fel Anna Pavlova
fel Galina Ulanova Alicia Markova
yn alarch Tuonela
moyn danso fel Margot Fonteyn
Gwefuse fel ceriwb
cro'n gwyn alabastr
llyged fel llynno'dd du
Yn danso dan deimlad
y briche cain
y pen ar y gwddwg hir
Yn fflytro yn shimro
fel plufyn fel petal
fel alarch ar ddŵr
Yn ysgafn yn ystwyth
yn plygu yn toddi
Ei twtw o *chiffon*
mae'n lili mae'n flodyn

Mae'n danso'n ei stafell
gall neb arall ddod miwn
Mae'n breifat mae'n glyd
Mae'n saff yn 'i stafell
Hi bia'r stafell

Gall neb arall ddod miwn
Ma' lle a ma' amser
Hi bia'r byd

Gall neb arall ddod miwn 'ma

Hi bia fe gyd

Un tro, amser maith yn ôl, o'dd 'na ferch ifanc yn dala **bys** pedwar i'r dre ar brynhawn dydd Sadwrn yn yr haf. Lan y tyle serth i ryddid nawr. Mae'n gwishgo *sling-backs patent* coch a sgyrt 'i Mam, sgyrt ddu a gwyn â sgware bach a streipe coch a melyn, a belt wen lydan. Mae'n mynd i'r *pictures* a ma'r lle'n llawn dop, ma'r *usherette* yn shino'i thortsh i stopo bobol i snogo, 'I know your mother Philip Evans.'

(*Yn canu*) 'That yellow dress you wore when we went dancing Sunday nights,

that smile you give me in the movies when they dim the lights...'

Mae ishe bod yn Hayley Mills a mae'n ciwo lan i weld Cliff Richard

(*Yn canu*) 'The young ones, oh darling we're the young ones, and young ones shouldn't be afraid to live, love...'

A mae'n mynd i'r ffair.

Y *bumpers*, y *swirls*

a'r ceffyle bach

y pysgod aur

a'r cnau coco

Mae'n swnllyd mae'n wyllt

a ma' bachgen y ffair

yn gwishgo du

tsaen rownd 'i wddwg

a *Cuban heels*

Mae'n smoco sigaret

Ma'i wallt e llawn sa'm

Ma' baw dan 'i wynedd

Ma' fe'n pwyso draw
Ma'i jîns e'n dynn
a ma'i gorff e'n galed

Ma' fe'n pwyso draw
i gymryd yn swllt i
Mae'n pwyso draw
ma' fe'n reido 'da ni
ar y *swirls* rownd a rownd
a ni'n sgrechen a sgrechen
ma'r miwsic yn ware
a ma'r bachgen yn gwenu
Mae'n neud beth ma' fe moyn
Mae'n anghyfrifol
Mae'n cario cylleth
Mae'n annibynnol
Yn ware
i ennill
Ma' bachgen y ffair
yn 'i jins tyn tyn a'i lyged fel glo yn gwenu fel hyn
Ne' ma'r bachgen brown
sy'n ware'r gitâr
a'i wallt e fel silc
Ne ma'r bachgen mewn car
sy'n smoco sigârs
a'i wallt e'n cwrlo
dros gefen 'i golyr
Ma' bachgen 'da'r clustdlws

a'r bachgen 'da'r beic
a ma'r bachgen sy'n neud y twist
Ma' gyment o ddewish
P'un gaf i? P'un gaf i?
Ife fe? Ife fe? Ife fe?

Ma' fe'n itha neis
ma' fe moyn fi 'fyd
ond fory mae off gyda hi
ma'n galon i'n torri
so fi'n danso 'da fe
ma' fe neud i'n galon i lamu
ond ma' 'da fi gyfrinach ta p'un 'ny

Wellten i ferched

Sa'i moyn cyrnu ar dra'th
rynt y creige trw'r nos
yn neud dim ond rhynnu
Sa'i moyn ishte'n y *pictures*
yn edrych ar y sgrîn
yn aros am y llaw
i dwtsha 'mhenglin

Ma' fe'n lico fi lot
'na beth ma fe'n gweud
a wi'n credu fe i gyd
ond fi jest ffili dewish
Fi'n lico fe fyd
a ma fe'n itha neis

ond 'ma fe wedi mynd gyda hi
Wedodd Foxy wrth Ant
bod rhyw fachan o'r dre
wedi gweld fi o'r bla'n
odd e ddim yn cofio le
A ges i nodyn wrth Rog
yn gweud' beth am nos Sadwrn
Nawr bod Alan 'da Mair'
a wedes i 'Pardyn?'
Ma' fe'n itha neis
'co fe draw m'yna
ma' fe'n dal
a mae'n hala fi werthin

Ond wellten i ferched

Sa'i moyn cysgu miwn tent
yn Steddfod y Bala
a dino'n y bore yn timlo'n
'smala'
Sa'i moyn mynd i barti
le ma'r students yn *arty*
ma' Emily'n tynnu ei bra!
Sa'i moyn ishte miwn fan
'da Gerwyn Tan Lan
a'i law ar 'y mron i
na mynd am dro
'da dyn o Bresteigne
ta faint mor las mae'n gweld yn lyged i

wellten i ferched myn yffach i!

Ni'n aros dros nos yn tŷ Christine
pedwar yn y gwely
ma' nghalon i fel jeli
ond so' ni'n neud dim byd
dim ond cusanu a wedyn mynd i gysgu
nos fory mae nôl gyda hi
Mynd i siop Defis
i ga'l risol a tsips
O na ma' 'na widdi
a wedyn ma' llefen
a wedyn wi nôl gyda fe
Mae'n feri-go rownd
a shwt gyment o sbri
ond serch 'ny
alla'i weud wrthoch chi

Wellten i ferched

Ni'n sgrifennu barddonieth
a'n siarad am Shelley
Ni'n gryndo ar Chopin
Ni'n ishte miwn coeden
yn siarad a siarad
dou dderyn miwn nyth
yn saff ac yn glyd
Dwy gath miwn cocŵn
dim ond ni sy'n y byd

Ni'n dwy'n anfeidrol
Ni'n dwy'n dragwyddol
Ma'r haf yn hir
a'n llawn addewid
ma' rwbeth ar y gorwel
ma' rwbeth rownd y cornel
yr ochor draw i'r mynydd

(*Yn canu*) 'Things we said today'

'You say you will love me
'Til the end of time
These days such a kind girl
Seems so hard to find
Someday when we're dreaming
Deep in love got a lot to say
Then we will remember
Things we said today.'

Un tro, amser maith yn ôl, o'dd 'na ferch yn sefyll miwn ca' yn genol gia. Ma'r gwynt yn hwthu a mae'n bwrw eira, mae'n gwishgo cot a sgarff a menyg a hat a bwts a ma'i'n sythu ond sdim ots 'da 'i, mae'n werthin a gwiddi a redeg nôl a mla'n a jwmpo lan a lawr a codi 'i briche yn yr awyr, mae'n dilyn pob symudiad a'i chalon yn 'i cheg, mae'n dwli wotsho rygbi.

Pan ma' nhw'n ennill mae'n falch
Pan ma' nhw'n colli mae'n drist
Mae'n timlo bob tacl bob cic
Mae'n lico wotsho'r *line-outs*
Mae'n lico wotsho'r sgryms

Gweld y rai bach yn ca'l y bêl mas
gweld y rai tal yn dala'r bêl
a paso fe mas
a paso fe mas
iddo fe
a'r dyn nesa a'r nesa
Ma' fe'n redeg a redeg
a paso fe 'to
Go on
cera ma'n
a ma'r bêl dros y lein
Hwre Hwre Hwre
Mae'n lico gweld nhw'n cico'r bêl trw'r awyr
a gweld e'n lando rynt y pyst
Hwre Hwre Hwre

A wedyn mae'n aros nes bo' nhw'n dod mas
i fynd nôl i'r clwb
i ga'l ffagots pys a grefi
ne' falle i fynd i'r ysbyty
i ga'l eli a plastyrs
a bandej a chwistrell
A falle bydd stitshys
Ma'r cwte a'r clishe
yn ran o'r holl ware
a cnoc ar y pen
yn rwbeth naturiol
Ma' hi'n hapus i helpu

cysuro diddanu
mae e'n ddewr
mae 'di brwydro
fel shwdwr miwn rhyfel
mae bown' o ga'l clwyfe
so wedyn rhaid carco
maldodi a nyrso
cusanu a cwtsho
a ca'l peint o gwrw
a trafod y gêm

Beth na'th y reff?
A na'th e'r peth iawn?
Pwy dwlodd pêl mla'n?
Pwy strwodd y sgrym?
Pwy fwrodd y prop?
O'dd y boi dros y lein?
Mae'n orie o sbri
Mae'n ishte a gryndo
mae'n gryndo yn astud
ond sdim byd gyda 'i weud
Dyw hi ddim yn diall
ma' nhw'n arbennigwyr
ma'r bechgyn yn arwyr
dyw hi ddim moyn ware
ma' hi jest lico wotsho
ma' hi'n lico wotsho
cefnogi syporto
am fisho'dd bob tywydd

a mae'n lico'r canu

(*Yn canu*) 'Nid wy'n gofyn bywyd moethus
aur y byd na'i berlau mân'

(*Yn canu*) 'We were strolling along on Moonlight Bay
we could hear the darkies singing
they seemed to say
what did they say what did they say
you have stolen my heart now don't go away.....'

(*Yn canu*) '... And the hairs on her dicky-die-doe hung down to her
knees...'

(*Yn canu*) 'You are my sunshine, my only sunshine...'

'And the hairs on her dicky-die-doe...'

O genol y sŵn
a'r mwg a'r meddwi
Mae'n clywed llaish yn gofyn

"Pryd ni'n priodi?"

Un tro, amser maith yn ôl, o'dd merch yn forwyn briodas mewn
ffrog lliw eirin gwlanog shinog a hufen -tun te prynhawn dydd
Sul,a bow mowr yn y cefen, a sgyrt sy'n stico mas a paish net o
dano a tusw o flode mewn cwmwl o jip o ardd 'i myn-gu, yn
cerdded yn garcus â coronet o flode bach oren ar ei phen, hyd y
llwybr trw'r fynwent at yr eglws. Mae'n canolbwyntio. Mae'n
ddiwrnod llawn rhyfeddod. Ma' Anti Eleri'n priodi. Mae'n mynd i
briodas.

Reis a conffeti
a pedol fach arian
a lot fowr o flode
tishen a eisin
a dou ffigwr bach pert
ond y ffrog yw'r peth gore
mae'n shino fel shwgyr
ma'r sicwins fel sêr
Mae'n ffrog balerina
mae'n net a mae'n *chiffon*
fel lluwchfeydd o eira
a tiara fach arian
a feil o lês gwyn
mae'r bodis yn dynn
a mae ffili anadlu
Ond mae'n edrych yn berffeth
yn cered trw'r fynwent
yn cered yn araf
Mae'n cyrra'dd yr eglwys
Mae'n mynd miwn trw'r drws

(*Yn canu Ymdeithgan y Briodferch Wagner*)
'Da da da da da da da...'

Ma'r eglws yn orlawn
Ma'r pentre'n bresennol
ma pawb moyn i gweld hi
ar ei diwrnod arbennig
bydd hi'n cofio am byth

(Yn canu)
This is my lovely day
This is the day I shall remember the day I'm dying

Ma nhw'n sibrwd a gwenu
edmygu rhyfeddu
ma hi'n bert ma hi'n bictiwr
ma hi'n edrych fel dol
Ma pawb ishe dathlu
priodas Eleri
sy â feil dros ei gwyneb
a sneb yn gallu gweld hi

Mae'n cyrra'dd yr allor
mae'n cael ei chyflwyno
mae'n cael ei throsglwyddo
ei rhoi
Sdim amser i ddadle
Mae'n rhy hwyr i drafod
just gweud e
just neud e
mae drosto mor gloi
Mae ei chorff hi yn rhewi
mae chorff hi'n parlysu
mae ei chorff hi yn stiff
Ond mae Eleri yn gwenu
ei llyged fel *glass*
Ei gwefuse lliw ceirios
Mae'n gwenu a gwenu

Mae Eleri yn ddoli
Yn ddoli binc blastic
yn ei nicyrs glân neilon
a'i gwallt hi miwn fflick-ups
Mae'n static
robotic
mae bach yn broblematic
Mae Eleri'n ddoli plastic

Ond mae'r fodrwy yn ffito
Mae'r fodrwy yn shino
Fe fydd hi'n ddiflino
Fe fydd hi'n ddol dda
Mae'n dod mas o'r eglwys
(*Yn canu Ymdeithgan Briodasol Mendelssohn*)
'Da da dada da da da da dada da dada da'
Ma'r conffeti fel storom
Mae storm o gonffeti
Yn boddi Eleri
A mae'n gwenu a gwenu
Bydd hi'n llyncu'r tabledi
y tabledi sy'n helpu
y tabledi bach porffor
Fel calonne conffeti
Yn helpu 'ddi wenu

Am byth

(*Yn canu*) 'This is my lovely day,

This is the day I shall remember the day I'm dying.
They can't take this away,
It will always be mine, the sun and the wine
The seabirds crying'

Un tro, amser maith yn ôl, o'dd 'na ferch ifanc yn cerdded a
cerdded, yn cerdded a'n canu 'Fe Orchfygwn Ni'

(*Yn canu*) 'Ni ar ein ffordd i ryddid
Fe orchfygwn ni,
Ni ar ein ffordd i ryddid
Fe orchfygwn ni...'

Yn cerdded a canu
tu fas i Garchardai
Swyddfeydd a Canolfannau
A Stiwdios Teledu
A Castell
Yn cerdded a cerdded
Yn cerdded a canu

Dyw hi ddim wrth ei hunan
mae gyda'i holl ffrindie
ma' nhw i gyd gyda'i gilydd
yn cerdded a canu
yn chwifio baneri
yn cario placarde
yn gwiddi slogane
a canu

Ma' nhw'n llifo fel afon
yn don ar ôl ton
hibo'r holl adeilade
y dryse ffenestri
dinasoedd a threfi
ffermydd pentrefi
Ma' nhw'n dal i gerdded
i gerdded a canu
gwanwyn a gaeaf
hydref a haf
trw'r haul a trw'r glaw
mae'n bwrw tywynnu
mae'n hwthu
mae'n rhewi
ond ma' nhw'n dal i gredu
yn chwifio'u baneri
Ma'r wlad yn un rhwydwaith
Ma'r wlad yn orymdaith
Gorymdaith i ryddid

Ma' pobl yn gwylio
yn gweld nhw'n mynd hibo
yn clapo yn synnu
calonogi gwerthfawrogi
a rhai yn dirmygu yn poeri casáu
Ond ma' nhw'n dal i gerdded
A ma' nhw'n gadel eu hôl
Fel Olwen a'i blode

ma' nhw'n harddu eu llwybre
ma' olion eu tra'd
yn creu siap llythrenne
sy'n ffurfio patryme
patryme o eirie
a wedyn brawddege

Wrth iddyn nhw gerdded
Cerdded a cerdded

Ma' nhw'n ail-sgwennu hanes

Merch ifanc ar ben mynydd yn gwiddi
Cymyle mowr yn hwylio
yn jengid
yn raso'n y gwynt
Y gwynt yn hwthu
Afonydd yn disgleirio
Ma'r fenyw'n mwmian ond ma'r ferch ishe gwiddi
Gwiddi a gwiddi
A llanw'r aer 'da'i llaish
Hala ofon ar yr haul
Dino'r Capten sy'n cysgu ar ei long
Gwiddi
Nes bod y pysgod yn yr afon yn clywed
A'r morfilod yn y môr
Gwiddi ar dop ei llaish
Gwiddi a gwiddi
Nerth 'i phen
Gwiddi a gwiddi a gwiddi

Un tro, amser maith yn ôl, o'dd 'na ferch ifanc yn paco cês.

Yn garcus yn dewish yn plygu a dodi popeth o'dd raid iddi ga'l. Cloc a hancsheri a gŵn nos bach ffrili, bag bach o golur a sent, radio, dyddiadur, hanner coron lwcus a lot o ddillad newydd a gobeth a hireth a ofon a cyffro a dŵr glân yr afon a blode o'r berth. Bwced Nan Llwyn Tywyll, beic Phyllis y post, jwg fach siap buwch, bedd Desmond a gwallt Black Bess, mae'n ffindo lle iddyn nhw i gyd, mae'n llanw pob twll a chornel a mae'n ca'l popeth miwn.

A mae'n barod.

'Oh girls, look at the sky.'

Mae'n mynd wrth 'i hunan

yn betrus yn syfrdan

i dorri ei llwybr

ar Fynydd Breuddwydion.

Y DIWEDD

Trafaelu ar y Trên Glas,
Sharon Morgan
(llun: Kirsten McTernan)

Trafaelu ar y Trên Glas
Teithio rhwng dau fyd

Rhiannon Mair Williams

A ma'r fenyw'n pwyso nôl yn ei chader a mae reit ar dop y mynydd
nawr, a mae'n clywed cân ehedydd yn codi'n linell syth i'r nefoedd,
a mae jest ag esgyn 'da fe i ddiflannu'n y cymyle (t. 186)

Trafaelu ar y Trên Glas yw'r drydedd ddrama yn y drioleg. Mae'r ferch fach bellach yn fenyw aeddfed yn dygymod â marwolaeth ei mam, a hynny'n gatalydd iddi ail-ddarganfod ei hunan a'i phwrpas yn y byd. Lleoliad dinesig generig sydd i'r ddrama, ond mae'r golygfeydd yn trafaelu i fröydd atgofion, yn fyfyrion ar wahanol gyfnodau yn ei bywyd, ac yn canoli ar y profiad o fod yn fenyw. Cyffelybiaeth am fywyd yw'r trên glas, yn ddelwedd ramantus, yn gerbyd sydd yn galluogi breuddwyd.

Sa'i wedi gweld y dramâu. Pan gethon nhw eu creu a'u perfformio, o'n i yn fy arddegau hwyr ac yn gymharol anwybodus. Felly'n wahanol i'r cyfranwyr eraill, do'n i ddim yno, a sai'n gallu dwyn y cyfnod i gof. Dwi'n dibynnu ar ddeall y testun ar sail yr hyn sy'n codi o'r dudalen. Dyw *Trafaelu ar y Trên Glas* ddim yn darllen fel mwyafrif y dramâu eraill sydd yn y canon cyhoeddedig Cymreig. Dyw hi ddim wedi ei hysgrifennu gan ddyn yn un peth. Mae'r ffaith fod Sharon yn fenyw sydd yn ymwrthod â strwythur gonfensiynol dramâu o ran y modd y caiff ei gosod ar y dudalen, yn ymwrthod â disgwyliadau'r darllenydd o ddeall union ofod ac amser y chwarae, ac yn ymwrthod â hualau ieithyddol gan ysgrifennu mewn tafodiaith gyfforddus, yn fy nenu ac yn gwneud i mi uniaethu â'r testun ar lefel ddofn.

Mae'r cyfuniad o'r dafodiaith a rhyddid y gystrawen o ran ffurf yn fodd i mi adnabod fy hunan yn y bylchau rhwng y geiriau. Ry' ni fel menywod yn diffinio'n hunain yn ôl trefen a phatrwm y mae dyn wedi ei rhoi i ni, ac mae iaith a llenyddiaeth yn enghreifftiau o hynny Does dim lle i ysfaoedd a rhwystredigaethau menyw: maent yn gudd, neu'n frwnt, neu'n cael eu diystyried. Ma'r awdur, dramodydd a'r athronydd Hélène Cixous yn annog menywod i ymwrthod â hynny, ac i ysgrifennu mewn modd mynegiannol sydd yn bodloni ein cyrff, teimladau a dyheadau, 'Woman must write her self: must write about women and bring women to writing, from which they have been driven away as violently as from their bodies' ('The Laugh of the Medusa', *Signs*, i, 1976, 875). Mae ysgrifennu yn ei thafodiaith ei hun, mewn gwaith sydd yn ymdebygu'n fwy i gerdd rydd nag i ddrama, yn rhyddhau Sharon i fod yn hi ei hun, i greu'r byd. Dwi'n twmlo fod ysgrifennu Sharon yn apelio ata' i mewn modd dwfn, benywaidd, corfforol.

Mae'r dafodiaith a ddefnyddir yn y ddrama yn drysorfa o hynodweddau llafar Llandeilo, Cwm Tawe, Llandyfaelog ac arfordir Sir Gâr, ac mae'n debyg iawn i'm hacen Cwm Gwendraeth i. Does dim angen y glosari arna' i, gyfaill, dwi yno'n barod, ac mae'n twmlo mor neis bo ddim ishe i fi brosesu'r geiriau cyn i'r cyfuniad o ddelwedd a gair fwrw fy ymennydd a theithio lawr i fy nghrombil. Ma' cael menyw yn ysgrifennu mewn ffordd ddelweddol, mewn tafodiaith gyfarwydd, yn peri i'r testun ganu i mi.

Dwi'n ysgrifennu hwn tra'n ishte ar drên. Iawn, dwi'n gwybod nad yw'r ddrama o reidrwydd am drên tshw tshw, ond ma' cyffelybiaeth yn rhywle i mi gychwyn yr ysgrif. Dwi'n dechrau'r daith ambyti'm mhethe, yn dwt yn yr orsaf. Wedyn, ar ôl esgyn i'r trên, yn enwedig ar siwrne hir fel hon, ma' si rhythmig fy nghadair yn fy nghludo i ofod arall. Dwi yma, yn gorfforol yn y gadair, ond eto dwi twmlo nad ydw' i yn y naill le na'r llall, ar drothwy rhywbeth.

Ma'n sêt fach i ar y trên yn tystio i bob math o ymddygiad gen i. Weithiau dwi'n effro ac yn cael pwle creadigol o ysgrifennu neu ddarllen. Weithiau dwi'n pipo drwy'r ffenest, fy llygaid yn cal eu denu gan fuwch neu lyn pert; neu weithiau ma'n llygaid i'n synfyfyriol ac yn freuddwydiol, yn gweld atgof niwlog. Weithiau dwi'n cysgu, a hynny'n drwm, fy ngheg ar agor yn dala clêr, a deigryn o boer yn llinell sgleiniog ar fy ngên. Ond y stad dwi'n joio fwyaf yw bod yn hanner cysgu, hanner effro.

Mewn theatr nad yw'n perthyn i'r brif ffrwd orllewinol, yn aml mae'r hyn a welir yn ymdebygu i ddefod. Odd darllen *Trafaelu ar y Trên Glas* wedi nghario i rywle arall, i ystad drothwyol. 'liminal state', sef pan mae rhywun rhwng dau fyd. Nid apêl gorfforol nac esthetig y theatr o'i weld (fel y ceir mewn llawer o waith nad yw'n orllewinol) a alluogodd i mi deimlo fel hyn, yn hytrach, dianc ar draciau trên tafodiaith a alluogodd i mi fyw'r bydoedd a grëir gan Sharon. Shwd ydw i wedi gallu mynd i'r man hwn, y man lle ma'r delweddau a'r geiriau wedi cyfuno nes i mi dwmlo 'mod i'n darllen breuddwyd? Dwi'n credu ei fod e mor syml â hyn – dyma fenyw yn ysgrifennu am gymhlethdod ei bodolaeth a maint ei chariad mewn iaith, strwythur a delweddau sydd yn adnabyddus i mi.

Yn ogystal â defnyddio fframwaith ieithyddol sy'n rhyddhau, does dim rhaid i Sharon gydymffurfio â'r duedd o ddiffinio'i hunan o safbwynt ei pherthynas â dyn. Cawn ambell gyfeiriad at ddynion, ond yn gyffredinol maen nhw'n absennol o'r ddrama. Er enghraifft, ma' nhw'n ishte yn yr ardd ar y dechrau, ond does dim pwrpas iddyn nhw; dy'n nhw ddim hyd yn oed yn torri'r gwair sydd yn parhau i dyfu wrth i'r ddrama fynd rhagddi. Dy'n nhw ddim yn bwysig nac yn ddiddorol yn y ddrama; nid eu stori nhw yw hon. Mae bod yn rhydd o'r dyn yn rhoi urddas a phŵer gwahanol i stori'r fenyw. Mae'n ei grymuso i ddweud y stori yn unol â'i hamodau hi.

Mae'r union leoliad ac amser yn amwys yn y ddrama. Dyna reswm arall 'mod i'n twmlo'n agos ati, oherwydd mae'n caniatáu i'r cynnwys berthyn i 'ngofod i yn ogystal â gofod y fenyw. Yn wahanol i ddramâu eraill y gyfres, lleoliad dinesig sydd i hon. Ac fel yn achos Sharon Morgan ei hun, taith o'r gorllewin i'r ddinas oedd fy siwrne bersonol innau. Er bod prysurdeb a phobl (a llygod mawr, mae'n debyg) o'n hamgylch yn barhaus fan hyn, ma'n gallu bod yn fodolaeth unig. Mae'r teimlad o ryddid a gofod y gorllewin, sydd mor fyw yn nramâu cynta'r gyfres, wedi diflannu. Y teimlad fan hyn yw eich bod chi'n byw mewn bocs. Mae'r syniad o gadw pethau mewn bocs yn llinyn sydd yn rhedeg drwy'r ddrama, cadw pethau fel ma' nhw i fod yn hytrach na bod yn rhydd, y rhyddid a gynnigir gan y trên. Nid yw'r bocs yn gaethiwus bob tro: mae'n gallu bod yn gaets digon twt. Ond wrth i mi ddarllen, dwi'n twmlo rhyw fath o wacter, yn twmlo bod y fenyw yn ceisio ffeindio'i ffordd mewn byd sydd yn ymddangos yn unig. Ond ma' 'na gryfder ac annibyniaeth hefyd, ac ma' ymgais i lanw gwacter wrth i'r fenyw fynd ar ei siwrne ar y trên glas, i fydoedd eraill.

Mae'r ddrama'n trafod pethau sydd, yn anffodus, yn dal i fod yn dabŵ, neu'n brofiadau sy'n dal i gael eu tanbrisio, hyd yn oed nawr, ugain mlynedd a mwy ers ei hysgrifennu. Misglwyf. Genedigaeth. Menopos. Pethau ry' ni'n dal i'w trafod mewn cod, tu ôl i ddrysau caeedig. Pethau dwi eisiau gwbod mwy amdanyn nhw oherwydd eu bod nhw'n digwydd i fi, i fy mam, modrybedd, chwiorydd a, rywbryd, i fy mhlant. Yn ogystal ag i hanner y boblogaeth.

Mae'n rhaid cwato'r peth a pido dangos

Pido dangos dim

Achos

Ma fe'n

Beth ofnadw

Erchyll, ffiaidd

Ma' fe'n gywilyddus

anweddus, aflednais, afiach, a...MOCHEDD!

Ie, 'na ni, fi 'di ffindo'r gair iawn nawr,
y gair cywir.
MOCHEDD!

So, cadwch e'n dawel.
a pych a gweud wrth neb. O.K.?
Ych a fi! (tt. 158-9)

Nid dim ond pethau corfforol yn unig yw'r rhain; ma' nhw'n brofiadau
emosiynol, yn ddryslyd, yn enfawr. Mae'r arddull yn caniatáu i ni gael
taith ddwys a synhwyrus trwy'r profiadau, ond ma' lletchwithdod y
profiadau hyn hefyd yn cael eu cyfeirio atynt mewn modd haeddiannol
o wirion:

Rhowch i mi Wonderbra
A lapiwch fi mewn gwymon
Mil o bunnoedd am botel o eli?
Ychwanegwch y brenhinol jêli.
Staes ne' ddau
Rwtwch fi 'da clai
Dewch â'r *electrolysis*
sai moyn tyfu barf
dyw hwnna ddim yn hardd
Dewch â'r teclyn trydan
sy'n ca'l gwared ar y cryche
cerwch mla'n jest newch e!
Ac os nag yw hwnna'n gwitho
bydd cylleth siwr o neud e. (t. 171)

Nid monolog ddifrifol am faterion o bwys enfawr yn unig sydd fan hyn, ond triniaeth hynod o chwareus sy'n mynd â ni o'r lleddf (sy'n twmlo fel clatsien ym mhydew'r stumog) i'r llon. O ganlyniad, dwi'n twmlo'n fyw wrth ddarllen y ddrama, dwi eisiau rhedeg yn chwim trwy fyd y fenyw hon, sydd hefyd yn fyd i ni fenywod oll.

Perthynas sy'n cael eu trafod yn *Trafaelu ar y Trên Glas*, perthynas mam a merch, perthynas menyw â'i chorff a pherthynas menyw â rhythmau natur. Mae'r drafodaeth o'r lleuad yn enwedig yn apelio ata' i, fel un sy'n pweru fy nghrisialau'n ddefodol o dan olau'r lleuad lawn yn y gobaith y bydd hynny, rywsut, yn dod â chydbwysedd i'm mywyd. Mae'r fenyw yn y ddrama yn teimlo ar un llaw yn gaeth i batrymau'r lleuad wrth iddi fordwyo siwrne'r misglwyf. Ond wedyn, ma' colli'r berthynas honno â'r lleuad yn destun galar wrth i'r menopos gipio'r teimlad hudolus hwnnw oddi wrthi:

W'i ddim yn sownd i'r lliad nawr
Dim llanw a thrai
dim distyll y don
yr ymladd yn erbyn y llif
y shiglo mwyn
Symud diderfyn môr mewnol 'y modolaeth
'Sdim tonne'n torri ar 'y nhra'th
Wi'n llonydd a wi'n rhydd
Ond mae'n hen ryddid od
Pwy wdw'i nawr
A le fi fod? (tt. 162-3)

Mae perthynas gyda rhiant, neu rywun sy'n caru a'n gofalu amdanoch mewn rôl fugeiliol, yn arbennig. I'r rhai ohonom ni sydd ddigon ffodus i brofi hynny, ma'n gallu rhoi sail i bopeth arall. Gwelwn hyn yn y modd y ma'r ferch yn edmygu corff ei mam, y corff sy'n farciau o gariad ac ymdrech. Corff y fam yw map y ferch o'i byd. Mae hyn yn codi dau fys i'r ddelwedd orllewinol o fenyw berffaith, ddi-rychau a di-flewyn, ac yn rhoi pwyslais ar gorff cryf, llawn cymeriad, llawn straeon a brwydrau. Mae'n fy atgoffa o'r gerdd 'dendrochronology' gan Hollie McNish, sydd yn feirniadol o'r modd yr ydym wedi cael ein trwytho i gredu bod y llinellau ar ein hwynebau'n dangos gwendid:

> excitedly, we count each line on storm split trees across the park
> in awe, at the widest trunks, the eldest stumps, the wisest barks
> scornfully, we count each line, beside our lips, beneath our eyes
> as if we did something wrong, to also mark the passing of time.
> (*Slug...and other things I'm told to hate*, Fleet Publishing, 2021, t. 274)

Mae edmygedd y fenyw o'i mam yn llifo oddi ar y dudalen yn nrama Sharon. Ond tybed a yw gweddill ei bywyd hi, a'n bywydau ni, yn gorfod bod yn ymgais i ddatgysylltu'n hunain o'r goflaid wreiddiol honno rhwng mam a phlentyn? Mae bywyd yn broses o ymwahanu, o ddysgu byw yn anfodlon annibynnol o ddiogelwch a Chariad Mami. Gwelwn rolau gofal y rhiant a'r plentyn yn cael eu gwrthdroi, ac ma' tynerwch mawr yn y portread o'r fenyw'n gofalu am ei mam wrth iddi ymadael â'r fuchedd hon:

> Cwsg Mama, cwsg yn awr
> Cwsg
> Cwsg sy'n cwiro gofidie
> Ma dy gro'n di'n shino nawr
> dy wyneb yn ymlacio
> sdim gofid nawr. (t. 179)

Mae lleoliad bydol i'r dramâu, sy'n golygu bod modd darllen disgrifiadau fel cyfarwyddiadau llwyfan. Dyma'r disgrifiad cyntaf:

Gardd fach yn genol dinas yn yr haf. Mae'n ddiwrnod braf, ma'r awyr yn las a ma'r haul yn shino. Ma'r ardd yn fach a ma'r walydd yn uchel, a ma'r gwair heb ei dorri ers ache. Ma'r dynon yn yr ardd yn yfed *lager* a smoco ond ma' hi yn y rwm ffrynt yn codi a ishte, codi a ishte, codi a ishte a mynd i nôl yr albwm llunie. (t. 145)

Byddai'n bosib dangos hyn i'r llythyren ar lwyfan. Ond ma'r dasg yn mynd yn anos wrth i'r ddrama fynd rhagddi. Dyma ni erbyn y drydedd olygfa:

Menyw'n ishte ar hen gader yn genol dinas yn y glaw, a'r gwair yn tyfu'n uwch ac yn uwch rownd ei choese 'i. Mae'n ishte ar hen gader yn y glaw, mae'n arllws 'i, dim tsians i arddio heddi, diolch byth. Mae'n socan yn y gader yn y glaw a mae'n sownd, fel hen gelficyn, yn yr ardd. Mae'n gweld dwy fenyw'n cerdded yn y glaw. Un yn ifanc a'r llall yn hen. Un yn dal ac esgyrnog yn cario ffon, a'r llall yn fach a'n ifanc. Mae'n noson stormus a ma' nhw'n plygu'u penne yn erbyn y gwynt. (t. 152)

Mae'n amhosib, wrth gwrs, greu'r fath olygfa, i'r llythyren, yn y theatr. Dyma offrwm gan Sharon i'r cyfarwyddwr a'r cynllunydd, a gwahoddiad i ddefnyddio'u dychymyg i gymryd rhai o'r themâu hyn a thrafaelu gyda nhw yn hytrach na'u hail-greu yn llythrennol. Tyfu a wna'r gwair wrth i'r golygfeydd wibio heibio. Mae'r gwair yn tyfu a dof yn ymwybodol o 'mherthynas i ag amser. Dwi'n aeddfedu, ma' 'mhlant i'n tyfu, ac ma' amser a byd natur yn dal i newid o'n cwmpas, ond dwi moyn iddo stopio weithiau.

Af i'r toiled ar y trên, ac, o bois bach, dylen i wedi mynd ynghynt, cyn bod y cuddygl yn llawn gwastraff corfforol pobl eraill, a chyn bod y papur tŷ bach wedi diflannu. Sai'n credu galla' i ddala: bydd rhaid i fi fynd. Dwi'n cwrcwdu ond yn hofran dros y sedd rhag i mi dwtsha'r diferion dirifedi, ac yn ychwanegu at y coctel afiach melyn tywyll sy'n arnofio'n agos at dop bowlen y tŷ bach.

Pam dwi'n sôn am hyn? Mae drama Sharon, er yn freuddwydiol,

yn syndod o berfeddol, a dyw hwn ddim yn naratif y'n ni'n gyfarwydd
gydag yn ein llenyddiaeth. Dwi'n gallu teimlo'i sgrech goch; y gwaed, y
Cariad, a'r gadewch i ni anghofio am y beige sydd yn ddisgwyliedig i ni
wisgo wedi'n hanner cant. Dwi'n cofio hefyd fod Sharon yn perthyn i'r
genhedlaeth o ffeminyddion a fu'n gwrthryfela a cheisio cwestiynu'r
hyn ydyw i fod yn fenyw, ac yn brwydro i ymwrthod â heneiddio'n dwt,
tawel, beige ac anweledig. Yn ein bywydau beunyddiol, ry' ni'n twmlo
bod angen i ni beidio â rhannu rhai pethau, er eu bod nhw'n bethau
ry' ni'n dygymod â nhw bob dydd. Mae'r profiadau corfforol hyn, fel
y syniad o heneiddio, yn bethau ry' ni moyn towlu blanced trostyn
nhw ac anghofio amdanyn nhw oherwydd dy'n nhw ddim yn deidi.
Mae Sharon yn darlunio gweithredoedd corfforol yn afaelgar o real:

Wi 'di trial dodi fe gyd mewn bocs
stwffo'r perfedd a'r gwa'd a'r galon grac
y gwythienne'n sbowto, y gwiddi gwyllt
sy'n hollti pen, sy'n troi corff yn garreg (t. 166)

Nid dim ond y disgrifiadau o'r diriaethol sy'n ddigyfaddawd: mae
ambell atgof hefyd yn apelio'n greulon at y synhwyrau. Mae
sgrechfeydd Anti Linor, er enghraifft, er nad ydyn nhw'n cael eu
hesbonio'n llawn, yn cyfeirio at dywyllwch yn y gorffennol, gan adael
i ni lanw'r bylchau. Beth ddigwyddodd iddi? Ydy'r sgrechfeydd yn
perthyn i'r dyn a'r bocs a'r ardd? Ydw i hefyd yn gallu uniaethu, ar
ryw lefel, â'r teimlad sy'n gysylltiedig â'r profiad hwn? Fi hefyd

Yn cofio am 'rhen Anti Linor
Yn sgrechen yn ei chrud
wrth iddi gofio
am ryw weithred annelwig
rhyw weithred ddieflig
ddigwyddodd rywbryd yn niwl ei gorffenol, mae'n debyg. (t. 168)

Wrth ddarllen, dwi'n uniaethu â'r ddealltwriaeth fod bywyd yn ymgais i ddod i delerau â'r byd dynol a'r byd natur sydd o'n hamgylch, a bod colled a genedigaeth yn rhannau anferthol o hynny. Mae pethau mawr yn cael eu trafod fan hyn, ond mae'r ddrama'n cwpla'n obeithiol. Ry' ni'n gweld bod Cariad a bro ei Mam yn dal yn fyw yn y fenyw, a'i bod hi'n gallu dianc i, ac ymhyfrydu yn, y llefydd hynny.

Ma'n siwrne i'n dirwyn i ben. Arafwn. Anadlaf yn ddwfn gan wybod bod angen i mi i ail-ymweld â'r byd diriaethol sydd o'm hamgylch.

Ma' fy nhrên i'n cyrraedd dinas bell a gwelaf swmp o bobl yn morgruga ar y platfform. Teimlaf damaid o gyffro wrth feddwl am blymio i'w plith, ond dwi'n hiraethu'n barod wrth ystyried y gofod trothwyol y bues i'n rhan ohono, lle'r oeddwn yn rhydd i grwydro cymylau fy ymennydd, a thrafaelu ar y trên glas.

Trafaelu ar y Trên Glas

1

Gardd fach yn genol dinas yn yr haf. Mae'n ddiwrnod braf, ma'r
awyr yn las a ma'r haul yn shino. Ma'r ardd yn fach a ma'r walydd
yn uchel, a ma'r gwair heb ei dorri ers ache. Ma'r dynon yn yr ardd
yn yfed *lager* a smoco ond ma' hi yn y rwm ffrynt yn codi a ishte,
codi a ishte, codi a ishte a mynd i ôl yr albwm llunie, i ddangos y
llunie, y llunie o'i mam ar ei gwylie.

Fi ffili neud hyn
fi ffili neud e
Sa'i moyn neud e
Sa'i moyn bod 'ma
Fi ffili neud hyn
wrth yn hunan
Dyle Mami fod 'ma
dyle'i fod ma' i helpu
dyle Mami helpu
Pwy ddodi ddi mewn bocs?

Dim pawb sy'n gallu danso, medde mrawd
wrth i ni ruthro lawr *aisle* yr eglws
yn clico bysedd
yn tapo tra'd

yn clic clic clico
yn tap tap tapo
llawn bywyd
yn 'mestyn bob gewyn
yn 'mestyn bob cyhyr yn y corff
Ni'n *glitzy*, ni'n *ritzy*
A sdim byd yn bod

A wi'n danso mas i'r haul
fel cath ar ei ffordd i'r nefoedd
fel 'sen i'n cario'r ede hud
fel 'sen i'n cario lliwie'r enfys
fel 'sen i'n cario llwyth o aur
Wi'n hwyr wi'n hwyr
ma'r cloc yn gweud
yn tip tip tipian tip tip tip tipian
ma'r bysedd yn gwibio
ma'n galon i'n bosto
tic toc tic toc tic toc
Sa'i moyn colli'r trên
Ma'r drwse ar agor
Ma'r set wedi bwco
Ma'r cês ar y rac
A wi'n trafulu ar y trên glas
ar siwrne sy'n annishgwl
ar siwrne sy'n frawychus
wi'n trafulu ar y trên glas trw' dwllwch y nos
Wi ar yn ffordd i Bentre Galar

2

Menyw mewn gardd fach yn genol dinas. Ma' 'na ddrws ond ma'r
clo wedi rwdu. Ma'r ardd yn fach a ma'r walydd yn uchel a sneb
yn gwbod bod hi 'na. Gardd fach llawn 'wyn a annibendod, a
ma'r gwair dal heb ei dorri. Mae'n fore cynnar ym mish Medi,
mish Ffarwel Haf. Mae ei merch fach hi wedi dechre ysgol, wedi
gadel gatre, wedi dechre byw. Mae'n ishte ar hen gader a doli yn
ei chôl, yn canolbwyntio gorff ac enaid ar wlithyn bach noeth a
brau a byrhoedlog llawn gole sy'n hongan ar we corr, fel gwyrth.
Mae'n magu doli. Mae'n ferch fach mewn gardd yn magu doli, a
mae'n canu. 'Anaa ana, merch fach mama, anaa ana, merch fach
mama fach.'

Dyfes i tu fewn i'n fam

Bues i'n byw tu fiwn iddi

'nes i'n hunan yn gartrefol

'nes i'n hunan yn gyffyrddus

Sdim byd yn paratoi chi

I fod yn

Gatre i rhywun

Ma rhywun yn byw tu fewn i fi

Wedi setlo lawr

Yn hollol shicôs

Dyw e ddim fel stwffo clustog lan eich ffrog!

Ma' 'na dwmblo a rowlo

A danso a cico

A oifad a sblash bwti'r lle

Ma'n stymog i

Fel sosban

Lawn uwd

Mae'n ffrwtian
Fel lafa
Fel mynydd Etna
A mae'n tyfu
A tyfu!
A tyfu!
Pryd deiff e mas!
Sdim calendr 'da'r babi
Na cloc

Pryd deiff e mas?
A shwt?

Sdim byd yn paratoi chi
ar gyfer genedigeth
Dim llyfre
Dim ysgol nos
Chi ffili dysgu hwn
Mae'n gyfrinachol
A so chi fod i weud
Dim ond ei sibrwd e
ne' falle 'i fwmial e miwn *cafés* a cegine
Ond so chi fod i weud
A so chi fod i weiddi fe ar dop ych llaish

Aaaaaaaah!

Wi'n enaid gwallgo ar yn ffordd i Bedlam
Yn sgrechen trw' ffenest bac y car

A ma'r bobol tu ôl yn ffono'r polîs
I ofyn am gymorth a hynny ar frys
A sdim byd chi'n gallu 'neud ambwti'r
Orie ac orie a withe dyddie
Miwn twnel tywyll
Ar blaned artaith
'Shwt allai fyw?
Plis geiff e ddod mas?
Sdim ots 'da fi shwt
Plis dewch â fe mas
Pam ma fe miwn 'na?
Wi moyn e ddod mas
Pam ma fe'n styc?
Sai'n dala fe miwn'
'Ymlaciwch'

'YMLACIWCH!'
Aaaaaaaaaaaaaaaagh!!!

Ni lan trw'r nos fi a'r babi
yn siarad am bartis a atal cenhedlu

Wi'n ca'l cardie bach pert
rhai pinc a rhai glas
llawn wws ac aas a cwtshi cwws!
Wi di bod nôl at y graig
at graig yr oesoedd
At ddechre'r bod
At haden y bydysawd

Dim wws ag aas
Dim cwtshi cws!

Wi miwn sioc am ddyddie
Wi'n syllu'n lygatrwth ar bawb sy'n mynd hibo
yn cered ar y pafin
yn gwishgo hate
yn trwshan
yn werthin
yn drifo ceir i fynd i'r gwaith

Fel hyn da'th pawb i'r byd
Hwn o'dd yr unig ffordd
Beth?
Beth wedoch chi?
'Dyn nhw ddim yn byw am byth?
Chi'n jocan
Ddim yn byw am byth
Ar ôl hyn i gyd?
Ar ôl hyn i gyd
Dylen nhw fod yn anfeidrol

Fel hyn des i i'r byd
Dyfes i tu fiwn i'n fam
A des i mas
A o'n i'n saff
O'r eiliad honno hyd at nawr
o'n i'n mynd i fyw am byth

Odd Mam yn
Angel
warcheidiol
Yn farchog dewr

Yn berchen cleddyf hud
Yn berchen ar frwsh câns
Yn concro'r byd
Yn anorchfygol

A odd hi'n magu fi
Wrth i fi fagu'n fabi

Fi o'dd ei babi hi
ei babi hen
Amddifad nawr

Sdim byd yn paratoi chi am farwolaeth
Dim llyfre, dim ysgol nos
chi ffili dysgu hwn
mae'n gyfrinachol
A so chi fod i weud
Dim ond ei sibrwd e
ne' falle 'i fwmial e mewn *cafés* a cegine

Shwt wdw' i fod i gadw'n blant i'n saff
heb help mam-gu
Shwt alla' i fod yn fam heb fam?

Wi'n noeth, yn frau, yn ddiamddiffyn
fel gwlithyn ar we corr
Ma pwff o wynt yn yn nymchwel i
Wi heb got law
Heb ymbarel

3

Menyw'n ishte ar hen gader yn genol dinas yn y glaw, a'r gwair
yn tyfu'n uwch ac yn uwch rownd ei choese 'i. Mae'n ishte ar hen
gader yn y glaw, mae'n arllws 'i, dim tsians i arddio heddi, diolch
byth. Mae'n socan yn y gader yn y glaw a mae'n sownd, fel hen
gelficyn, yn yr ardd. Mae'n gweld dwy fenyw'n cerdded yn y glaw.
Un yn ifanc a'r llall yn hen. Un yn dal a'n esgyrnog yn cario ffon,
a'r llall yn fach a'n ifanc. Mae'n noson stormus a ma nhw'n plygu'u
penne yn erbyn y gwynt. Ma' nhw'n citsho'n sownd ym mriche'u
gilydd. Mae eu cefne nhw'n grwm a ma'r gwynt a'r glaw yn
chwipio'u cyrff yn ddidrugaredd. Withe ma' nhw'n ca'l gwaith
cadw fynd, ond ma' nhw'n gwthio'n erbyn y gwynt, yn cadw fynd,
cadw fynd, mynnu mynd. Mae'r ferch ifanc yn baglu withe ond
ma'r hen fenyw'n cadw fynd, ei sgitshe hoelon yn crafu'n erbyn y
garreg galch sy'n codi mas o'r tir fel esgyrn sych. Ma'r gwynt yn
llafarganu hen salm y ddaear. Ma'r gwynt yn fezzo soprano. Mae'n
swn cryf a mae'n anodd clywed, ond ma'r hen fenyw'n gwiddi ar
dop ei llaish, a ma'r fenyw ifanc yn clywed 'Wi'n lico storm, y
gwynt a'r glaw, y llyched a'r tyrfe, y dŵr yn arllwys lawr y ngwyneb
i, wi'n lico nosweithie gwyllt.' A mae'n clywed llaish 'rhen fenyw'n
gwiddi 'Gwishg di goch, merch fach i, gwishg di goch...'

Wi'n troi fel top
Wi'n trial pleso pawb
Trial bod yn bopeth i bob un sy moyn
Wi'n troi mor gloi

Wi'n anweledig
Wi'n ddim byd i neb
Wi'n glown yn y syrcas
Wi ar y weiren dene
yn jyglo ffagle
yn troi'r holl blate
Sdim rhwyd

Wdw' i'n neud y trics yn iawn?
Sdim cliw 'da chi
Na finne chwaith
Pwy wdw' i nawr?
Wel, pwy chi moyn fi fod?
Le ddiawl dwi fod i ffito miwn?
Bydd raid fi fod yn rhywun rwle rywbryd

Well i fi ofyn
i'r fenyw yn y drych

Sdim syniad da 'i

Bydd rhaid i fi fod yn rhywun
Pwy alla' i fod?
Beth alla' i wishgo?

Wnai wishgo siwt 'da 'sgwydde mawr
Fel aelod brwd
Y cwlt hunanol
Cwlt y Thatcher

Ne' sgyrt i'r llawr
A hat fawr wellt
Poseur llenyddol
A mynd i'r Gelli'n Gandryll

Ne' gai grys-t
'Da 'Ffwc o ots 'da fi'
Ar draws y'n tsiest
A swdle uchel patent pinc
A leggings shinog tynn
Ne' falle bydda' i'n rhein i gyd
Ne' bob yn ail
Ne' falle'n rwyn gwahanol bob dydd Mercher

Ond tra bo fi'n pendrwmu
da'th y llythyr 'ma trw'r post
Ma nhw'n hala nhw i bawb, mae'n debyg
ar ôl 'ddyn nhw baso'r hanner cant

'Annwyl fenyw dros ei hanner cant, penblwydd hapus, a
llongyfarchiadau
Ffoniwch nawr i gael apwyntiad
ar gyfer archwiliad
ceg y groth a bronbrawf
Ar 0800 666666'
Rhif y bwystfil? Pam lai?
'Byddwch yn brydlon a cofiwch wishgo *beige*
Ma rhaid i chi wishgo *beige*.'

Ma rhaid i chi wishgo *beige*?
'Cot *beige*, sgyrt *beige* a blows *beige* a jympyr *beige*.
A sgitshe *beige*, wrth gwrs.
Rhai fflat a digon o grip.
Dim ffiwsha na lemwn na *aquamarine*, dim indigo nac emrallt,
a'n bendant dim coch.
Ma coch yn wa'th na'r rest.
Byth coch
Dim coch
dim byd ond *beige*.'

Sai'n mynd i wishgo *beige*!
Bydd e fel gwishgo *camouflage*
Dwi ddim yn gameleon
Ne'n bryfyn pren
Ne'n grwban

'Dim vintage, plîs
bydd pobol yn cymysgu
a meddwl eich bod chi
heb newid eich dillad
ers nineteen-sixty.
Carcwch le chi'n dodi'ch lipstic
lle bo' chi'n mynd dros y lein,
A cofiwch pido gwenu gormod,
lle bo chi'n dangos ych dannedd.
Dim bwyd ar ych dillad,
dim wy wedi sgramblo na jam.
A cofiwch

Dim driblo.'
DIM DRIBLO?!

'Sdim hawlie 'da chi nawr, chi'n hen,
Ma'ch dyddie euraid chi ar ben,
Ma'r byd 'di symud mla'n
Chi hibo'ch
Sell by date
Chi ar y tip
chi'n ddiwerth nawr,
sefwch gytre
i aros am y pryd ar glud.'

Y ffycin bastards.

Stopwch eich nonsens
eich reole twp
eich mymbo jymbo diflas

Y'ch chi'n gwbod pwy wdw' i?
Y llefydd wi 'di bod?
Y pethe wi di neud a gweld?
Y bywyd wi 'di byw?
Wi'n gallu reido beic a ware'r drwms
Wi'n ddoctor sy 'di achub bywyde
Yn wleidydd sy 'di llunio deddfe
Wi 'di magu deg o blant
Wi 'di teithio'r byd, ei lled a'i hyd

Wi 'di bod yn Affrica

Wi 'di gweld y Taj Mahal
Wi'n gallu cwcan spynj di-fai a dysgu trics i gŵn
Wedi hedfan i'r lleuad mewn balŵn
Chi moyn gwbod pwy wdw' i!
Yn enw i yw CRAC!
A wi mynd i wishgo COCH!

Wi'n fenyw ysgarlad ruddgoch ruddem

Coch lliw gwa'd
lliw bywyd
coch lliw ffyrnig lliw digofaint

Lliw rhubane
ar glustoge a baneri
yn cyhwfan yn y gwynt
Lliw llosgi a lliw'r galon

Wi'n fenyw ddigwilydd

Wi mynd i wishgo coch

Arwydd angerdd
arwydd anufudd-dod

Ffrog goch
Ffrog fowr
Seis tent a'n tyfu
Seis *marquee*
I bobol ga'l edrych

Y gawres goch

Y fflam yn genol storm

A newch chi grynu yn ych sgidie

4

Menyw'n ishte mewn gardd fach anniben tost yn genol dinas ar
noson ole liad. Ma gitârs a Roc a Rôl yn hedfan ar yr awel o tu draw
i'r afon, trên yn cario hiraeth yn y pellter, seiren yn sgrechen hibo
a tân gwyllt yn ffrwydro. Ma'r ardd yn llawn creaduried rhyfedd,
yn wilmentan a fferetan yn y perthi, yn hongian ar ganghenne, yn
danso yn y gwair, hir. Wel, mae'n liad llawn. Mae'n codi o'i chader
a mae'n danso yn y gwair. Ma' lliw'r lliad yn golchi drosti, mae'n
ferch fach yn wmolch 'da carbolic a dŵr ôr, mae'i gwyneb yn fasg,
yn fasg gwynlas.

'Ssshhh!! Pych â gweud wrth neb

Sneb fod i wbod

Newch e'n y tywyllwch

Ar ôl machlud haul

yng ngolau'r lloer.

Bydd neb yn gwbod wedyn

Mae'n bwysig iawn

bod NEB YN GWBOD!

Mae'n rhaid cwato'r peth a pido dangos

Pido dangos dim

Achos

Ma' fe'n

Beth ofnadw,

Erchyll, ffiaidd

Ma' fe'n gywilyddus

anweddus, aflednais, afiach a...
MOCHEDD!

Ie, na ni, wi 'di ffindo'r gair iawn nawr
y gair cywir.
MOCHEDD!

So, cadwch e'n dawel.
a pych â gweud wrth neb. OK?
Ych a fi!'

'Ife dim ond i fi ma fe'n digwydd?
Ma' fe bownd o fod yn digwydd i bobl erill
Shwt y'ch chi'n ga'l e? Ife wrth gamu dros ben sticil?'

'Pych â bod mor sili.'

'Ne' dros berth a weiren bigog?'

'Pych â bod mor dwp.'

'I faint o bobl ma' fe'n digwydd?'

'I bawb.'

'I bawb?'

'I bob menyw.'

'Pob menyw!'

I BOB MENYW!

'Wi moyn sgrechen a gwiddi
Ond well i fi bido, lle bo rwyn yn clywed, a meddwl bo' fi'n wallgo
Ma' crancod yn 'y mherfedd a llewod yn 'y mhen
Well i fi gied y cyrtens, lle bo neb yn gweld fi
Wi'n shiglo nôl a mla'n ar 'y nglinie ar y llawr
Ma' ishe asprins a potel dŵr twym
ond wellten i rwbeth cryfach

Fel MORPHINE!'

Dylen i fod yn falch
fod yr holl balafa rhyfedd
wedi dod i ben
Y randibw trafferthus costus y dreth ar werth
Luxury goods?!
Y gwarth a'r cywilydd
y 'melltith'
Y 'melltith' sy'n dangos bo' fi'n fenyw
y melltith all yn hollti i
a creu map o wa'd blodeuog
ar hyd sgyrt lliw hufen sidanog
mewn cantîn yn llawn o bobol
wrth i 'nghorff wrthryfela'n goch
am y tro dwetha
Fel codi dou fys i henaint

Ond melltith llai na melltith merch sy'n unarddeg
sy' ddim yn gwbod bod e'n dod

sy'n meddwl bod hi'n marw
o ryw glwy echrydus
mwy egsotic nag arfer
'run peth â'i Nain

Dylen i fod yn falch ond dwi ddim
Dwi'n hiraethu

Ma' nhw'n gweud bod e'n golygu bo' fi'n 'hen'
Sydd yn beth gwael wrth gwrs
Ma'r ansoddair 'hen' yn ddilornus ym mhob achos
A 'hen fenyw' yw'r peth gwaetha gall rwyn fod
Ma' fe'n meddwl bo' fi'n mynd i sychu'n grimp fel priwn
yn gro'n i wedi pycro fel bod miwn bath rhy hir
A ta beth i do's dim pwynt i fenyw nawr
achos unig bwrpas menyw yw ca'l plant

'Ni gyd yn gwbod 'na.'

SDIM OTS AM HYN I GYD!

Na am y cwilydd newydd chwaith
ma' nhw'n trial peilo ar eich pen

'Newch chi wysu'n tswps
er bod hi'n ô'r tu fas.'

'Byddwch chi lan am dri yn golchi sheets.'
'Troi'n liw bitrwten fel twtsha switsh.'
'Llanw lan fel glased o reibina.'

'Troi'n goch fel gole traffic.' STOP!

Wi'n hiraethu

Ma' hiraeth arno'i am ga'l bod yn sownd i'r lliad
a cownto'r dyddie yn 'y nghorff
a timlo rythme'r tonne yn y ngwa'd
Ma' hiraeth arno'i am y cylch cyfarwydd
o'dd yn mesur dyddie'r mish

Wi ffili cadw trac
Wi wedi colli cownt
Sai'n gwbod faint o'r gloch yw hi
Shwt alla' i weud pwy ddydd yw hi?
Pa wlad yw hon?
Beth yw ei hyd a'i lled?
Ei dechre a'i diwedd?

Wi ddim yn sownd i'r lliad nawr

Dim llanw a thrai
dim distyll y don
y llanw bach a'r llanw mawr
 yr ymladd yn erbyn y llif
y shiglo mwyn
Symud diderfyn môr mewnol 'y modolaeth
Sdim tonne'n torri ar 'y nrha'th
Wi'n llonydd a wi'n rhydd
Ond mae'n hen rhyddid od
Pwy wdw' i nawr

A le fi fod?

Wdw' i rili off 'y mhen?
Yn wallgo wyllt
Wi'n gwbod bo' fi withe'n colli pethe
Wi'n dodi'n mhwrs i yn y ffrij
a withe wi'n anghofio le fi fod a pam
Wi ffili boddran neud gwaith tŷ
ma'r tŷ mor frwnt
wi'n lico byw mewn cafés
Ma'r llestri wedi peilo lan
sdim dillad glân
a withe bydd 'y mhen ar chwal
fel ceffyl anystywallt dall
ne'n fashgal wy sy' wedi craco
A wedyn daw'r llen harn 'na lawr
a troi mhen i'n stafell lwyd
sy'n ôr a llaith
a unman i ishte

Ond pych â gweud wrth neb
sneb fod i wbod
Mae'n bwysig iawn bod neb yn gwbod
er bod e'n digwydd i bawb

Y Darfyddiad

Wel bob menyw

Wi'n wilmentan ar y lan

Wi'n ishte 'ngwrec y môr
yn codi'n sbienddrych at y gorwel
yn wilo am rhyw drysor coll yn genol fflwcs
Wi'n byw mewn ogof ar y tra'th
a falle geiff y lliad ddod i de bob hyn a hyn

Do's bosib bo' fi'n farw fyw?

O'dd Santes Cristina'r Syfrdanol yn gwbod shwt i hedfan
Odd Santes Mari o'r Aifft yn gallu cerdded ar y dŵr
a ddofodd Santes Martha ddraig a'i arwen e fel ci ar dennyn...

Dyw'r antur ddim ar ben
Wi wedi prynu cwch ond ddim mewn siop
i gychwyn mordaith newydd
ar foroedd estron i fordwyo'r don

Rhyw noson ole liad
wi'n codi mhen
wi'n codi llaw
wi'n gwenu
a wi'n galw

'IW HW!'

Ni'n sownd o hyd y lloer a fi
Ni'n ffrindie da
Ni'n gydradd nawr
Chwiorydd arian yn shino yn y nos
Y lloer a fi

5

Menyw'n palu'r ardd yn genol nos. Sdim lliad heno. Sdim seren
chwaith. Mae'n dywyll bitsh, fel bola buwch. Mae'n torri twll, twll
dwfwn yn y ddiar. Mae'n claddu'r gwirionedd. Mae'n torri trw'r
gwair, sy lan at ei wast hi erbyn hyn. Ma' sŵn y rhaw yn slisho
trw'r pridd fel sŵn y peiriant torri cig moch yn y Cop. Mae'n slisho
trw'r pridd, trw'r gwridde a trw'r mwydod. Mae'n claddu tun
tybaco yn y twll, tun tybaco'n llawn atgofion, llunie, sgrapyn o
ddefnydd glas a'r gwirionedd. Mae'n claddu'r gwirionedd yng
ngwaelod yr ardd, yn ddwfwn ddwfwn yn y ddaear ddu.

Wrth iddyn nhw gladdu'r bocs bach pren llawn llwch

mewn patshyn bach o lawnt y fynwent

wi'n cofio meddwl pwy mor od

o'dd llosgi corff mewn bocs mor fowr

a wedyn dodi'r llwch mewn bocs mor fach

Do's bosib bod e i gyd mewn f'yna?

Shwt gethon nhw fe miwn?

'Daear i'r ddaear, lludw i'r lludw, pridd i'r pridd...'

lludw lludu

fel y lludu ôr yn y grat yn y bore

Llwch dwst

Fel yr haenen lwyd ar wyneb y celfi

wi'n sychu'n lân 'da un symudiad cryf o 'mraich

a wedyn polisho a shino a shino

'sbo popeth nôl fel o'dd e

yn didi a pharchus

Un symudiad cryf

Nawr ma' fe miwn bocs

Wedi hoelo lawr

Mewn bocs mewn twll
dwfwn yn y ddiar
a pridd trwm ar ei ben e
deiff e byth mas o f'yna
Gobitho
Ma' nhw'n ailosod y sgwaryn o wair ar y lawnt
ma' fe fel 'se fe 'rio'd wedi bod
sdim byd i weld
bydd pobol yn cerdded ar ei ben e ar eu ffordd i'r cwrdd nos Sulie
yn yr haf

Wi 'di trial dodi fe i gyd mewn bocs
stwffo'r perfedd a'r gwa'd a'r galon grac
y gwythienne'n sbowto y gwiddi gwyllt
sy'n hollti pen sy'n troi corff yn garreg
Stwffo fe i gyd i le bach
citsho yndo fe 'da 'nilo a stwffo fe mewn
ond wi ffili

Mae'n galed iawn ca'l grip

ma'r galon yn nido mas o'n law i
fel sebon slip
A ma'r afu'n sofft fel sbynj

Wi 'di stopo gweddïo
Wi ffili canu nawr
wi'n agor 'y mhen
a sdim byd yn dod mas
fel se'r node'n styc yn 'y ngwddwg

Wi di stopo mynd i'r eglws
hyd yn o'd yn hwyr
mewn sgidie coch
wel sdim pwynt os chi ffili canu
a so gweddio'n gwitho

Wi ffili godded gweld y ficyr yn y pwlpit
yn wyn i gyd y Pharisi
'O Arglwydd, wi'n sanctaidd a smyg'
Megis yr oedd yn y dechrau, y mae yr awr hon, ac y bydd yn
wastad: yn oes oesoedd Amen

Wi'n trial cied e mas
a cario mla'n
fel 'se dim byd wedi digwydd
Wi ffili godded cofio
sŵn y stryglo sŵn
y celfi'n cwmpo
y gornel dywyll yr hwpo
Y sgrechen y bango

Wi'n dodi'r po'n mewn sach
a dodi'r sach mewn sied
a cloi y drws
a rhedeg bant

Dylen i ddim fod wedi edrych
dylen i fod wedi cadw'n lyged ar gau
Ffili gweld yn iawn mas o un lygad nawr
byth ers y noson honno

Ma' rhan o'n lygad i wedi parlysu

Cofiwch gwraig Lot

Shwt gallen i adel iddo fe ddigwydd?
Pam 'sen i 'di redeg mas i'r stryd a gwiddi 'Help!!! Heeeeeeeeelp'?
Gwell pido gweud wrth neb

Garion nhw fe mas mewn bocs
A o'n i'n falch
Dim deigryn yn yr angladd
llygatsyth llonydd cefnsyth
yn edrych ar yr allor
(*Yn canu*)
'Arglwydd dyma fi.'
Mewn llaish cryf clir
a meddwl am 'rhen Anti Linor
Yn hen a musgrell
mewn ward jeriatric
y rhesi o benne gwynion
yn eu gwn-nosus
pob un yn ei grud
fel babis od
Yn cofio am 'rhen Anti Linor
Yn sgrechen yn ei chrud
wrth iddi gofio
am ryw weithred annelwig
rhyw weithred ddieflig
ddigwyddodd rywbryd yn niwl ei gorffenol mae'n debyg

Mae'r clwy'n crynhoi
neiff e ddim cau
sdim gwella i ga'l

A withe bydda' i'n cerdded yn 'y nghwsg
yn genol breuddwyd od
yr un hen freuddwyd od
Wi'n crwydro rownd rhyw dŷ sy'n llawn stafelloedd
tan i fi gyrra'dd drws sy'n waharddedig
y drws sy pallu agor
y drws sy wedi cloi

A wi'n dino wrth weld gwyneb yn y drych

6

Menyw'n ishte mewn gardd fach anniben tost yn genol dinas, yn
meddwl mynd i fyw i fflat. Lot llai o waith. Ddim ishe becso am
hen ardd. Yr holl 'wynnu a palu a gofalu. Dim ishe panico yn y
gwanwyn pan fydd yr haul yn twlu gole ar yr annibendod, *beige*
brown hen flode blwyddyn dwetha, dail yr hydref ishe cymoni a
perthi ishe torri. Dim ishe becso am blannu cennin pedr a saffrwm
y gwanwyn a liliwen fach.... a ysu am goeden geirios. Mae'n
breuddwydo am ga'l gardd ddof, gardd ufudd, gardd yn ei hiawn
bwyll, gardd sy'n canu grwndi. Mae'n codi, a mynd i nôl ei rhaw a'i
fforc a'i raca a'i shife a mae'n dechre gwitho. Mae'n 'wynnu a palu a
gofalu a cymoni a plannu 'sbo'i briche'n gwynegu, a'i chefen yn
stiff, 'sbo'r adar bach yn noswylio a'r haul yn machludo. 'Se i'n
gallu, fe withe 'i trw'r nos.

Mae'n amser dansherus
mae'n beryglus bod yn fyw
wi'n agos at y dibyn

a wi'n dechre colli 'nghlyw
Mae'n gyfnod tyngedfennol
Strôcs a trawiade'n bla
ma gyment o ganser
mae fel se fe'n gitshyn
sdim lot o ha ha ha

Sdim lot o amser ar ôl
Sdim lot o amser ar ôl
Ma' fe fel 'se fe'n carlamu yn gynt ac yn gynt
Sdim lot o amser ar ôl

Wi'n dipyn o sinic
Ond sai'n jeriatric
sai'n gorwedd mewn clinic
sai'n barod i weud
bod y gore 'di bod
yr hen wrthryfel drosto
ac arian yn fy nghod
gaf fi byth mo'i debyg 'eto
Mod i'n *antique*, yn *retro*

Wi'n panico wi'n despret
sai'n gwbod le i droi
ond well i fi hastu
a well i fi neud e'n gloi
Well i fi hastu
i ddala'r hen fajic
cyn iddi fynd yn rhy hwyr

well cymryd mantes
ar 'y ngallu i symud
cyn i fi ffili'n llwyr

Sdim lot o amser ar ôl
Sdim lot o amser ar ôl
Ma fe fel 'se fe'n carlamu yn gynt ac yn gynt
Sdim lot o amser ar ôl

Rhowch i mi Wonderbra
A lapiwch fi mewn gwymon
Mil o bunnoedd am botel o eli?
Ychwanegwch y brenhinol jeli
Staes ne' ddau
rwtwch fi 'da clai
dewch â'r electrolysis
sa'i moyn tyfu barf
dyw hwnna ddim yn hardd
Dewch â'r teclyn trydan
sy'n cal gwared ar y cryche
cerwch mla'n jest newch e!
A os nagyw hwnna'n gwitho
bydd cylleth siwr o neud e

Dyw hi byth rhy hwyr i briodi
a cerdded lawr yr *aisle*
sai moyn iwso *walkie*
wi moyn neud y peth mewn steil
A os yw'r dyn yn siom

a byth yn aros gytre
ne' byth yn golchi 'i gryse
yn debyg iawn i Stalin
ne tym'bach fel Pol Pot
ne' hyd yn o'd fel Crippen
ne' falle Gengis Kahn
bydda' i ddim yn becso iot

Sdim lot o amser ar ôl
Sdim lot o amser ar ôl
Ma' fe fel 'se fe'n diflannu yn gynt ac yn gynt
Sdim lot o amser ar ôl

Ac wedyn beth am fabi
bydd hwnna'n sbort a sbri
ma' fe'n cadw chi yn ifanc
'na beth glywes i
Wi 'di dedwy lot o wye
ma' nhw i gyd 'di mynd i wast
so os bydd dim yn digwydd
gaf fi IVF ar hast
Fel y fenyw 'na o Lambed
o'dd hi o leia'n 'wech deg tri
bydd pwsho pram ar hyd y lle
yn jest y peth i fi
Ie, priodi a ca'l plant
sdim amser i ddifaru
ar ôl cyrra'dd hanner cant

Pych â sôn am farw
Sdim ishe sôn am hwnnw
ma' marw yn dipyn o fyth
Chi'n ddwl a chi'n wirion
O Iesu Tirion!
wi'n mynd i fyw am byth!
Wi ddim am ddirywio
fe fynna' i brotestio
dewch at y baricêds
sa'i moyn mynd i uffern
sa'i'n mynd i'r nefoedd chwaith
Wi'n dathlu anfarwoldeb
dewch 'da fi ar y daith

Sdim lot o amser ar ôl
Sdim lot o amser ar ôl
Ma' fel 'se fe'n carlamu yn gynt ac yn gynt
Sdim lot o amser ar ôl

'Pwy fydd yma mhen can mlynedd'
medde gire'r gân
Wi'n gwbod yr ateb 'Fi fi fi!'
a O wi'n dishgwl mla'n'
Na'th hen Jini o Glyndraenog
fyw 'sbo 'i'n gant a dou
a pan es i weld hi
odd hi'n edrych fel y boi
Yn rhoi bobo bishyn douswllt
i blant y pentre i gyd

i gofio am gael cwrdda'r
fenyw hena yn y byd

Wel gryndwch 'ma'r hen Jini
a sa'i meddwl bod yn hy
ond so chi wedi torri'r record
fe 'naf i'n well na chi
Sai'n golygu marw
Sa'i mynd i ddod i stop

WI MYND I FYW AM BYTH!

7

Menyw mewn gardd fach yn genol dinas yn torri plu planhigyn
gwair y paith. Yn torri'i blu? Fel tase fe'n aderyn, yn aderyn
paradwys. Ma'r ardd yn llawn planhigion rhyfeddol o ardd ei mam.
Mombretia cawraidd, llygad y dydd seis soseri, lilis gwyn a clyche
seis cwpane, a'r Pampas. Gwair y paith?! O Dde America! O
Batagonia bell. Y paith anferth wedi'i wasgu i ardd fach seis
hancsher yn genol dinas. Mae'n tyfu a tyfu er waetha'r tocio
blynyddol. Mae'n ffrwyth annifyr, yn greadur anghyffyrddus. Sdim
gobeth ei ddofi fe: mae'n dasg anobeithiol cadw'i archwaeth wyllt
mewn trefn. Mae'n tyfu a tyfu, yn uwch ac yn uwch, mae'n tyfu'n
uwch na'r tŷ, bydd e'n byta'r tŷ yn y diwedd. Yr egsotig yn llyncu'r
domestic. Yn difodi'r domestic, golchi llestri, smwddo, cnau, y
bach, y clawstroffobic, yr ailadrodd dyddiol defodol diflas
dibwrpas. Y plwyfol, y cul, y torcalonnus. Ma' hade'r plu drosti fel
conffeti.

Wi'n gweld mam yn 'wynnu yn yr ardd
Mae'n gwishgo *shorts*
Coese Mam yn wyn mewn *shorts*

wrth iddi blygu lawr i 'wynnu
ei choese gwyn lliw lla'th
yn ei *shorts* mor anarferol
i fenyw ganol o'd yr amser 'ny
Shorts gwyn â patrwm o gylchoedd gwyrdd
a'i choese'n wyn lliw lla'th
Wi'n amlinellu'r gwythienne bach 'da mys
lliw'r anemone a ffarwel haf
wedi'n swyno gan y glas a'r piws
y *deltas* bach y nentydd
ar ei choese sy wedi dala'r straen
o aros yn y glaw am lifft
o sefyll yn y ciw
o gario bage siopa trwm
sy'n stopo'r gwa'd i lifo yn ei bysedd
Afonydd bach troellog
 yn addurno'i choese
fel brodwaith ysgafn gan law gelfydd
Fel map o'r byd

Afonydd yn cario cargo
yn cario nwydde
o wlad y lla'th a'r mêl
o'r llwybr sidan
Sbeis a silc o Samarkand
powdwr a paent a sgidie arian
saffrwm a rhuddem a aur
Orene a ffigys
Poteli peraroglus

mwncwns a peunod a parasols
Te a perlysie
Marsipan a mariwana

Afonydd y rhialtwch a'r pleserau gwag
Perlesmair a miri a cyffro
Afonydd y glaw trwm sy'n cario popeth yn ei gôl
a ambell drobwll du sy'n tynnu enaid i ddyfnderoedd Annwfn
Afonydd
fel y Nîl
yr afon hira yn y byd
A'r Tigris a'r Ewffrates
yn Babilon
y Folga a'r Amason
A'r Berach bach, y Gwendraeth fach a'r Tywi
yr Aman a afon Taf

A ma' 'na dystion erill ar ei chorff
Y smotie brown fel brychni haul ar gefn ei dilo
dilo cwiro a cymoni a cnau
goglish a cwtsho timlo a twtsho
gafel a trafod a troi
'sbo'r sêr yn shino

Ei chorff i gyd
Ei asgwrn cefn
pob asgwrn yn ei chorff
Mae wedi cario pobol ar ei chefn
Ei bola crwn cyffyrddus

Ei bronne fel gobennydd plu
A'i briche
ei briche rownd i fi

Ac ar ei gwyneb ma' storie erill wedi cerfio
Wi'n amlinellu'i bywyd hi 'da mys
yn timlo'r lleddf a'r llon
Shwt ma' byw
a anghofio hyn i gyd?

Rhywle mewn stafelloedd ôr
ma' 'na ddoctoriaid cyfoethog mewn cotie gwyn
yn adeiladu'u peirianne
i ladd yr afonydd yn eu tarddle
yn gwbod lot a diall dim
Yn galw'r rhein yn name yn feie yn salw
Heb wbod bod nhw'n fap o brofiad
shwrneiod i ben draw'r byd
a rownd yr Horn
i galon dywylla'r cyfandiroedd coll
i'r Arctic a'r cyhydedd
ac i wres ynysoedd lliwgar Môr y De

Shwt ma' gwadu'r rhein a bod yn neb?
crafu nhw i'r asgwrn
a'u dileu
rwto a rwto 'sbo'r person yn diflannu
'sbo ni ffili gweld y fflam tu ôl i'r clai

Nawr ma' 'nghorff i fel corff Mam

crychni brychni arwyddbyst cerrig milltir

Fy afonydd i

Fy Nîl fy Amason

a cri egsotic adar yn y pellter

Niagara ne' ddwy

'Y ngwythienne 'i'n cario cargo drud 'y mywyd i

Er hyn i gyd

wi'n dal i ddisgwyl gweld gwep plentyn

yn y drych

9

Gardd wag yn genol dinas yn yr haf. Menyw'n ishte ar lan y môr.
Pan, yn sydyn, ddaw ton annishgwl o anferth a mynd â hi, ei
dwgyd hi oddi ar ei bys, modrwy aur ei mam. Menyw'n ishte ar lan
y môr yn trial edrych mas ar Fae'r Angylion, ond mae ffili gweld yn
glir, mae'i llyged hi'n llawn, yn llawn o foroedd hallt, fel glasys
wobli, glasys trwchus o ddagre. Mae'n trial dala nhw'n eu lle, dala
nhw dala nhw dala nhw, lle bod nhw'n arllwys mas i Fae'r Angylion
a'i boddi hi, boddi yn ei dagre'i hunan, mae moyn boddi yn ei
dagre, mae moyn mynd o dan y dŵr, ca'l ei thynnu mas i'r môr, ca'l
ei thynnu mas i Fae'r Angylion. Ma' pishys bach o wydr gwyrdd a
glas, a tseina coch a cregyn bach gwyn fel ewyn babi yn y graean,
ond dim byd sy'n shino, dim trysor dim aur dim modrwy aur.
Mae'r angylion sy'n byw yn y Bae wedi mynd â hi i'r nefoedd iddi
Mam ga'l rhoi hi ar ei bys wrth iddi ware'r delyn.

Rhoi'n law ar y talcen melyn

ar y gwallt fel sidan gwyn

yn sofft ar esgyrn ei phen

Canu cân i fynd i gysgu

'Anaa ana, merch fach Mama.'

Si hei lwli
ond nid fy mabi
si hei lwli Mam
Pam sdim hwiangerddi i oedolion?
Ma' nhw angen gorffwys hefyd
angen hwylio ar gefnfor y nos
Cwsg Mama cwsg yn awr
Cwsg
Cwsg sy'n cwiro gofidie
Ma' dy gro'n di'n shino nawr
dy wyneb yn ymlacio
sdim gofid nawr

Wi'n smalio bod ni ar yn gwylie mewn hotel
full board
er bod ti ddim angen bwyd
A tu fas ma'r môr yn wyrddlas
a fory bydd yr haul yn shino
ond dim i ni
Bydd dim trip i'r tra'th
le gaf fi fod yn ferch fach unwaith eto
yn palu'r holl ffordd i Awstralia
a tithe'n gwylio yn dy sbectol haul
a'r fframe anferth gwyn
fel Greta Garbo
O'dd 'da ti esgyrn hardd
Ma' nhw'n dal 'da ti yn y mreuddwyd i
pan wi'n gweld ti'n sefyll wrth dy wely gwag

fel Lasarus
yn gwenu'n annwyl 'da dy lyged doeth

Galwon ni'r doctoried yn y nos
a wedon nhw taw haent o'dd e
Ody marwolaeth yn heintus?
gobitho'i fod e
gwrthoden i'r wrthfeiotic
y tabledi bach
wi'n dodi ar dy dafod
i drial ca'l ti nôl

Welest ti angylion ar y stâr
un angel anferth a adenydd mawr
yn gwishgo porffor dy hoff liw
lliw'r anarferol lliw'r *eccentric*
lliw soffistigedig lliw'r syffrajéts
Lliw'r dillad newydd brynest ti yn Hampstead
y sgyrt a'r belt a'r flows o'r shidan gore
Lliw dillad gwely y saithdege

O't ti'n grac
O't ti ddim yn barod 'to
O't ti ddim moyn mynd
ddim 'to
ddim dan y pridd
ddim miwn i'r ddiar
a'r gwair yn tyfu drostot ti
O'dd lot o bethe 'da ti i 'neud

o'dd lot o ddanso
a ffroge pert i wishgo
o't ti ddim wedi cwpla 'to
'da'r caru a'r cusanu
lot o ddynon
a'r dyn gore oll dy dad
yn gadel i ti fyta *pickles*
pan o'dd dy fam di'n mynd i'r *sisterhood*

Ti'n gafel yn dynn yn dy fachgen bach
sy ddim fod i wbod bod ti'n dost
dy afel mor dynn â gafel babi
Ti'n clampo dy friche a dy goese
rownd i'n fab
yn dala'n sownd
lle bo' ti'n gorffod gadel

Ti'n tynnu dy ddillad i gyd
fel yn ferch ddwyflwydd o'd yn y sêls ym mis Ionawr
wrth i fi gymryd o's i ddewish cot
yn stripo'n borcyn yn y siop
a mynd i ishte yn y ffenest
fel angel Botticelli

Wi'n batho ti
a sblasho ti
wi'n golchi dy gefen di
wi'n sychu ti a dwsto ti 'da talc Dior

Yn genol nos ma'r fenyw ochor draw yn marw

o'dd hi jest â marw ishe mynd
yn galw mas o hyd o hyd
'O Dduw, cymera fi.'

Ma nyrs newydd 'da ni nawr
A wi'n wilo am linyn o gysylltiad
o'r rhyfeddod mae'n dod o Ammanford
a mae'n nabod dy ffrind gore di o'r ysgol
a mae wedi byw yn Bournemouth
le buest ti'n aros yn y rhyfel
le prynodd Dadi ddoli glwt i ti
yr un sy'n gorwedd ar y glustog

Ma' rhaid i fi dy ddadgysylltu di
Rhaid gadel i ti fynd

Wi'n smalio bod ni mewn hotel
rhwle rhwng dou fyd

Wi'n edrych mas i'r môr
yng ngole Monet
dan yr haul coch cynnar
dan feil y bore bach
a'r sŵn fel dŵr dros gerrig
yn araf araf araf
yn gweud bod ti ar dy ffordd

Ti'n cysgu'n sownd

dy ana'l di
fel tonne'r môr
bob tro yn dala d'ana'l

tyma bach yn hirach
yn cadw fi ar bige drain
yn aros am y nesa
aros... aros... aros...

a...dyma fe
wi'n ca'l yn achub
ar yr unfed awr ar ddeg
A yn y dydd wi'n bwydo ti
'da lolipop o ffôm sy'n llawn o ddŵr

Un bore i ga'l brêc
wi mynd i ishte yn y lolfa
Ma' 'na long yn hwylio tua'r ynys
yn hwylio'n bwyllog ond yn benderfynol
tua'r ynys
a'n ened ar ei ddec
Wi'n cied yn lyged
a wi'n anadlu'n ddwfn
a pan wi'n cyrradd nôl i'r stafell
wyt ti wedi mynd

Wi'n neb nawr
wi'n ddalen lân
Sai'n gwbod o le des i

na pwy wdw' i

Es i edrych yn yr ogof
ond o't ti wedi mynd
Ga'i dy gwrdda ti ar ffordd Emaus
yn siarad 'da dieithrod?
Ar y ffordd i rwle
Ar y ffordd i unman

Wi'n edrych trw' dy ddillad
trw'r pocedi yn dy gote
trw' hen fage
trw' dy ddrars
i weld os wyt ti wedi gadel neges
rhyw air o eglurhad
am pam o'dd raid ti fynd
a i ble
a bod ti'n dal i garu fi

Wi moyn mynd dan dy gro'n di
i dy gorff di
troi mewn i ti

Wi'n gwishgo dy gŵn nos di yr un coch
a wi'n cofio bod yn blentyn pum mlwydd o'd
yn redeg lan y tyle
ar dy ôl di'n galw
'Mami dere nôl'
a tithe ddim yn clywed
llawn gofid am dy fam dy hunan

mewn ysbyty'n gweddïo am ga'l byw
Ond yn y diwedd dyma ti'n troi nôl
a galw
'Cer nôl i'r tŷ nawr, bydd Mami ddim yn hir'

O dop Pentyrcan y'n ni'n gallu gweld y môr
A pump shir ar ddiwrnod clir
A ma'r gwynt yn citsho yn y llwch fel lludu aur
a ma' Mam yn brasgamu carlamu
yn twmblo a rowlo
yn danso a sgipo
yn troi rownd a winco
a werthin a werthin a werthin
Wrth iddi jengyd o'r cwm am byth

10

Menyw'n ishte mewn gardd fach yn genol dinas yn yr haf, yn
meddwl am fynyddoedd pell i ffwrdd, yn meddwl am Pentyrcan yn
y grug yn genol Awst a'r aer yn glir uwchben y cwm, a mae'n ysu
am ga'l bod 'na wrth iddi gofio barddonieth ei mam.

'Yn y pellter,
bryn porffor.
Ar y ffordd,
uwchben a thu hwnt,
carreg galch ddiffrwyth
a rhedyn fan hyn fan draw.

Ac ar y copa ôr

yn tynnu ana'l sy'n lân
a ffresh fel mintys,
mor siarp â ie'nctid
a'r byd i gyd o'i bla'n.

Ma' Pentyrcan yn cwrdda'r awyr,
ac ma'r awel rydd yn gwiddi a hedfan
o Myddfai i Garreg Cennen,
o Tro Gwcw i Lyn y Fan,
ac yn y pellter
fe glywch chi'r
môr yn Penybre
yn disgleirio ac ochneidio.

Fan hyn ma' heddwch yn gorwedd,
yn llifo'n dawel dros fron y mynydd,
lawr y llinell bert ei thro
i'r cysgod tywyll
lle ma' Llwchwr yn llechu,
a dwi'n cofio'r borfa ir
yn ôr ar wadne' 'nhra'd.'

A ma'r fenyw'n pwyso nôl yn ei chader a mae reit ar dop y mynydd
nawr, a mae'n clywed cân ehedydd yn codi'n linell syth i'r nefoedd,
a mae jest a esgyn 'da fe i ddiflannu'n y cymyle pan mae'n clywed
rhyw sŵn arall yn y pellter, sŵn hiraethus yr hen drên ar lawr y
cwm. Y trên sy'n cario hiraeth. Ma'r drwse'n dal ar agor, ma'i sêt
hi wedi bwco, ma'i chês hi ar y rac, a mae'n trafaelu ar y trên glas
ar siwrne sy'n annishgwl, ar siwrne sy'n gyffrous, mae'n trafaelu
ar y trên glas trw' dwllwch y nos.

Mae'n gwbod le mae wedi bod,
sdim syniad gyda 'i le mae'n mynd,
sneb yn gwbod le mae'n mynd,
sneb yn gwbod le.

Y DIWEDD

Nodiadau ar y Testunau

1. Perfformiadau cyntaf y dramâu a lleoliadau'r perfformiadau:

Ede Hud: y 25ain o Awst, 1997, Neuadd San Pedr, Caerfyrddin.

Holl Liwie'r Enfys: y 4ydd o Awst, 2006, Chapter Caerdydd.

Trafaelu Ar Y Trên Glas: yr 8fed o Fai, 2008, Chapter Caerdydd.

2. Rhestr o ganeuon *Dramâu'r Rhosys Cochion* a'u ffynonellau

Caneuon *Ede Hud*

'Hiraeth': cân werin draddodiadol

'Arglwydd, dyma fi': cytgan yr emyn 'Mi glywaf dyner lais' ('Gwahoddiad'), sef cyfieithiad Ieuan Gwyllt (John Roberts, 1822–77) ym 1872 o gân y gweinidog Methodist o'r Unol Daleithiau, Lewis Hartsough (1828–1919)

'I'm forever blowing bubbles': cân boblogaidd o'r Unol Daleithiau, 1919, geiriau Jaan Kenbrovin, alaw John William Kellette (1873–1922)

'Si Hei Lwli': hwiangerdd draddodiadol

'Rhof fy mhen bach lawr i gysgu': gweddi hwyrol boblogaidd i blant

'Huna blentyn': o 'Suo Gân', hwiangerdd draddodiadol

'Rhosyn Saron...': o ail bennill yr emyn 'Wele'n Sefyll Rhwng y Myrtwydd', geiriau Ann Griffiths (1776–1805), alaw 'Cwm Rhondda' gan John Hughes 1873–1932

'Rwy'n wyn fel y lili fach dyner...': trydydd pennill yr emyn 'Rwy'n Canu fel Cana'r Aderyn', 1952, geiriau William Richards (Alffa, 1876 –1931), alaw

J. L. Rees (Alaw Tawel, 1862–1936).

'Happy Day...': aralleiriad cytgan yr emyn 'Happy Day', 1854, geiriau Phillip Doddridge (1702–1751); alaw Edward F. Rimbault (1816–1876)

'Rwy'n fy ngharu...': aralleiriad o gytgan yr emyn 'Hoff yw'r Iesu o Blant Bychain', 1925, geiriau (cyfieithiad ?) Daniel Thomas (Pabellwyson, 1842–1914), alaw, C. Taliesin Rhys (Glanelis, 1875–1908)

'Beth yw'r haf i mi': geiriau T. H. Parry Williams ac Amy Parry Williams, 1963, alaw draddodiadol o'r ail ganrif ar bymtheg

'Moonlight becomes you...': geiriau Johnny Burke 1908–1964, alaw Jimmy Van Heusen (1913–1990) ar gyfer y ffilm *A Road to Morocco*, 1942

'America, America': pumed linell y gân wladgarol 'America the Beautiful', 1910, geiriau Katharine Lee Bates (1859–1929), alaw Samuel A. Ward (1848–1903)

'Today I feel so happy...': o'r ffilm sioe gerdd *Sunshine Susie*; recordiwyd gan Jack Hylton a'i gerddorfa, 1932; geiriau ac alaw Jack Hylton (1892–1965) a Pat O'Malley (1904–1985)

'When the roll is called up yonder': emyn poblogaidd, 1893, geiriau ac alaw gan yr Americanwr James Milton Black (1856–1921)

'I've heard of a land...': dwy linell gyntaf yr emyn 'Never Grow Old', 1914, geiriau ac alaw gan yr Americanwr James C. Moore (1888–1962)

'Iesu, cofia'r plant': cytgan yr emyn 'Draw draw yn China a thiroedd Japan' gan Nantlais (W. Nantlais Williams, 1874–1959)

'With a nick nack paddywack...': cytgan y gân i blant 'This Old Man'; defnyddiwyd yn y ffilm *Inn of the Sixth Happiness*, 1958, gwreiddiau annelwig

'Chwifiwn ein baneri': o gytgan yr emyn 'Mynnwn Chwifio'r Faner', geiriau Beirianfa a Caniedydd Newydd yr Ysgol Sul, alaw Glyndwr 1920, gan Dan Roberts

'Draw draw yn Peeblcs': i dôn yr emyn 'Draw Draw Yn China'

'Mae 'nghalon yn eiddo': o'r ddeuawd 'Hywel a Blodwen' yn yr opera tair act *Blodwen*, 1878, gan Joseph Parry (1841–1903) a Richard Davies, (Mynyddog Mwynfawr, 1833–1877)

'Colomen Wen': unawd soprano

'Haleliwia': o'r corws 'Haleliwia' yn yr oratorio *Messiah*, 1742, gan George

Frideric Handel (1685–1759)

'O Lili Wen Fach': cân i blant gan Nantlais

'Gee Geffyl Bach': hwiangerdd draddodiadol

Caneuon *Holl Liwie'r Enfys*

'Wouldn't you like to be…': llinell gyntaf 'Under the Bridges of Paris', geiriau Ffrangeg gwreiddiol Jean Rodor, cyfieithwyd gan Dorcas Cochrane (1903–1991) yn 1954, alaw Vincent Scotto (1874–1952)

'One o'clock two o'clock three o'clock four o'clock rock': fersiwn Sharon o 'Rock around the Clock', gan Max C. Freedman (1893–1962) a James E. Myers (1919–2001); canwyd gan Bill Haley (1925–1981) and his Comets, 1954 – y gân sy'n cael ei hystyried yn fan cychwyn roc a rôl

'I see the moon': fersiwn Sharon o gytgan y gân 'Over the Mountain', 1953, gan Meredith Wilson (1902–1984), llwyddiant ysgubol i The Stargazers yn 1954

'Blue Moon': geiriau Lorenz Hart (1895–1943) yn 1934; alaw Richard Rodgers (1902–1979), llwyddiant rhyngwladol i The Marcels ym 1961

'Be-bop-a-lula': geiriau Bill 'Sheriff-Tex' Davis (1914–2007); alaw Gene Vincent (1935–1971), llwyddiant ysgubol i Gene Vincent and his Blue Caps ym 1956

'Living Doll': cân gan Lionel Bart 1930–1999; recordiwyd gan Cliff Richard (g. 1940) and the Drifters, 1959 – sengl fwyaf llwyddiannus y flwyddyn

'Honey in the morning…': ail bennill 'Sugartime' gan Charlie Phillips (g. 1937) ac Odis Echols (1930 –2013), llwyddiant ysgubol i Alma Cogan ym 1958

'Lolipop lolipop…': 'Lollipop', geiriau Julius Dixson (1913–2004), alaw Beverley Ross (1934–2022), recordiwyd gan The Chordettes ym 1958

'Ble rwyt ti'n myned': cân werin draddodiadol

'The farmer wants a wife': ail bennill cân gêm-iard-ysgol 'The Farmer's in his Den', yn wreiddiol o'r Almaen, 1826

'Scarlet ribbons': 1949, geiriau ac alaw Evelyn Danzig (1902–1996) a Jack Segal (1918–2005), llwyddiant i Harry Belafonte (1927–2023) ym 1956

'In and out the windows': cân gêm-iard-ysgol

'The big ship sails on the alley alley O': cân gêm-iard-ysgol

'Lucy Locket': cân gêm-iard-ysgol

'Here comes a chopper to chop off your head': o'r gân gêm-iard-ysgol 'Oranges and Lemons', cerdd a ymddangosodd yn gyntaf mewn print ym 1744

'O Dad, yn deulu dedwydd...': englyn gan W. D. Williams (1900–1985) yn gofyn gras wrth y bwrdd bwyd; adroddwyd yn fy ysgol gynradd ar ddiwedd dydd yn ddyddiol, 1953–1960

'Canaf yn y bore...': emyn boreol a ganwyd yn ddyddiol yn fy ysgol gynradd, 1953–1960; geiriau W. Bryn Davies (1865–1921), alaw L. J. Roberts (1866–1931).

'Os hoffech wybod sut mae dyn fel fi yn byw': llinell agoriadol 'Cân yr Arad Goch,' 1922, geiriau Ceiriog (1832–1887), alaw Idris Lewis (1889–1952)

'Wrth feddwl am fy Nghymru': 1966, geiriau ac alaw Dafydd Iwan (g. 1943)

'Mae'n wlad i mi...': 1965, addasiad Dafydd Iwan o 'This Land is your Land' ysgrifennwyd yn 1940 gan Woodie Guthrie (1912–1967)

'And did those feet in ancient times...': o'r gân 'Jerusalem', geiriau William Blake (1757–1827) yn 1808, alaw Hubert Parry (1848–1918) yn 1916

'My mother bids me bind my hair': 1794, geiriau Anne Hunter (1742–1821), alaw Joseph Haydn (1732–1809)

'Build a Bonfire...': cân dathlu diwedd tymor yn yr ysgol ramadeg, i alaw'r gân boblogaidd 'Clementine', cân draddodiadol o America

'Venus in Blue Jeans': alaw a geiriau Howard Greenfield (1936–1986) a Mark Keller (1936–2005); recordiwyd gan Mark Wynter yn 1943

'Lord, now lettest thou thy servant depart in peace...': llinell gyntaf y Nunc Dimittis o efengyl Luc, pennod 2, adnodau 29-32, gweddi sydd wedi bod yn rhan o wasanaethau hwyrol eglwysig ers y bedwaredd ganrif

'Rho i mi'r hedd...': emyn Elfed (H. Elvet Lewis, 1860–1953) ar y dôn 'Rhys' gan W. J. Evans

'We plough the fields and scatter...': emyn a gysylltir â chyrddau Diolchgarwch; ysgrifenwyd yn yr Almaen ym 1800 a'i gyfieithu i'r Saesneg gan Jane Montgomery Campbell (1817–1878) ym 1862

'All Things Bright and Beautiful...': emyn i blant, geiriau Cecil Frances Alexander (1818–1895) a thôn William Henry Monk ym 1887.

'L'Amour s'en va': ('Mae cariad yn mynd i ffwrdd') gan Françoise Hardy (g. 1944)

ym 1963, cân Monaco yn nghystadleuaeth cân Eurovision yr un flwyddyn

'O Mari, Mari, cwyd...': o'r gân werin draddodiadol 'Gyrru'r Ychen'

'O Lord we have erred and strayed in our ways like lost sheep': dyfyniad o rhannau o'r weddi o gyffesiad boreol gwasanaeth yr Eglwys yng Nghymru

'That Yellow Dress': o'r gân 'That's what Love Will Do' gan Trevor Peacock (1931–2002) recodiwyd gan Joe Brown (g. 1941) and the Bruvvers ym 1962

'The Young Ones': gan Sid Tepper (1918 –2015) a Roy C. Bennett (1918 –2015); recordiwyd gan Cliff Richard a The Shadows ym 1962

'You say you will love me if I have to go': o 'Things We Said Today' gan Paul McCartney (g. 1942), recodiwyd gan y Beatles ym 1964

'Nid wy'n gofyn bywyd moethus': llinell gyntaf yr emyn 'Calon Lân' a drodd yn anthem rygbi a phêl droed; geiriau Gwyrosydd (Daniel James, 1847–1920) a thôn John Hughes (1872–1914)

'We were strolling along on Moonlight Bay': 'Moonlight Bay', 1912, geiriau Percy Wenrich (1880–1952), alaw Edward Madden (1878–1952), cân sy'n boblogaidd gyda chlybiau rygbi

'And the hairs on her dicky-die-doe...': o 'The Mayor of Bayswater's Daughter', cân sy'n boblogaidd gyda chlybiau rygbi

'You are My Sunshine': 1940, gan Jimmie Davis (1899–2000) a Charles Mitchell, cân sy'n boblogaidd gyda chlybiau rygbi

'Going to the Chapel': gan Jeff Barrie (g. 1938) ac Ellie Greenwich (1940–2009), recordiwyd gan The Dixie Cups ym 1964

'Da da da da...': y gytgan briodasol o'r opera *Lohengrin,* 1850, gan Richard Wagner (1813–1883)

'Da da dada da da...': yr ymdeithgan briodasol o'r opera *A Midsummer Night's Dream*, 1842, gan Felix Mendelssohn (1809–1847)

'This is my Lovely Day' - alaw Vivian Ellis 1903–1996, geiriau A. P. Herbert 1890–1971. O'r sioe gerdd Bless the Bride 1947, cysylltwyd a phriodas Elizabeth yr 2il yn yr un flwyddyn

'Fe Orchfygwn Ni': fersiwn Gymraeg o 'We Shall Overcome', cân gospel o America a recordiwyd gan Pete Seeger (1919-2014), ac a drodd yn gân brotest y mudiad hawliau sifil o 1959 ymlaen; canwyd hi'n aml yn ystod protestiadau cenedlaetholgar y 60au a'r 70au yng Nghymru.

'Ana ana merch fach mama': hwiangerdd a ganodd fy mam i mi ac a genais innau i 'mhlant

'Megis yr oedd yn y dechrau, y mae yr awr hon, ac y bydd yn wastad: yn oes oesoedd. Amen': geiriau gweddi diwedd gwasanaeth, o'r Llyfr Gweddi Gyffredin

'Arglwydd dyma fi': cytgan yr emyn 'Mi Glywaf Dyner Lais', alaw 'Gwahoddiad'.

'Sdim lot o amser ar ôl': canwyd i dôn y gân 'Show Me the Way to Go Home' 1925, gan Jimmy Campbell (1944-2007) a Reg Connelly (1895-1963)

'Pwy fydd yma mhen can mlynedd...': 1943, emyn Ernest Llwyd Williams (1906-1960)

Rhestr Eirfa

Defnyddir tafodiaith Sir Gaerfyrddin yn nramâu'r gyfrol hon. Rhestrir isod rai o'r geiriau llai cyfarwydd.

ache - achau

aea/gaea – gaeaf

afans – mafon

amboiti – o gwmpas

ana'l – anadl

annishgwl – annisgwyl

assembly – gwasanaeth ar ddechrau diwrnod ysgol

baish/paish – pais

balafa/palafa – trafferth - o'r Saesneg *palaver*

bara the – bara wedi ei dorri'n ddarnau mewn basin o de

baricêds – *barricades*

batshys/patshys – *patches*

bipo/pipo – *to peep*

biti – bach iawn iawn

bitrwten – betrys

blanc – *blank*

blastar/plastar – plastr Paris

bo'n/po'n – poen

borslen/porslen – *porcelain*

bosto – ffrwydro

brwsh cans – brws sgubo tu allan

bybli – bubbly

can – blawd

carco – gofalu

carthen/ni – blanced/i

casandrârs – *chest of drawers*

ceser – cenllysg

cie – caeau

citsho – cydio

clêr – pryfed

clôs – buarth

cnau – glanhau

Cnycha bant – Fuck off

co – dacw

co'd – coed

Cop – Co–op

corr – corryn

crosha – *crochet*

cryd – croen gŵydd

cwbwrt(e) – cwpwrdd(au)

cwc – *cook*

cwte – *cuts*

cwen – cywain

cwiro – trwsio

cym bacs – math o ffowlyn

cymoni – tacluso

cynybêns – *kidney beans*

cyrens – *currants*

cyrnoi – crynhoi

cyrnu – crynu

dansherus – peryglus

daps –sgidie ysgafn cynfas

datod – rhyddhau

dedwy – dodwy

defed – defaid

didi/tidi – taclus

dilo – dwylo

dio'fain – diod wedi ei gwneud o
　　　　ddanadl

dishen/tishen – teisen

doli racs – *rag doll*

dowt – amheuaeth

drâr – *drawer*

dwetha – diwethaf

dwmblo/twmblo – *tumble*

dwster – *duster*

dwtsho – *cyffwrdd*

dy-cus/ty-cus – mwy nag un tad-cu

ddiar/diar – daear

ddihidans/dihidans – diofal

ddrifo/drifo – *drive*

ede – edau

ened – enaid

ercyd – nôl

fatsio/matsio – *match*

fishi/bishi – prysur

flows /blows– *blouse*

fordydd/bordydd – byrddau

fwmial/mwmial – mwmian

ffein – blasus

fflytro – *fluttering*

ffôm – *foam*

ffroge -ffrogiau

Ffyrgi – tractor Massey–Ferguson

gaberdine – defnydd cot law

garcus/carcus – gofalus

gât – *gate*

genol/cenol – canol

gia – gaeaf

goglish – goglais

grac/crac – dig

groten/croten – merch

growns – dail te o waelod cwpan

gwasanaethu – gweithio fel morwyn

gwddwg – gwddf

gwiddi – gweiddi

gwinio – gwnïo

gwnosus – mwy nag un gŵn nos

Gwynfor – Gwynfor Evans, y cyntaf
i ennill sedd i Blaid Cymru yn
San Steffan

gwynnu - troi'n wyn

ngwrec/gwrec – *wreck*

haden – hedyn

hancsheri – hancesi

hastu – brysio

harn – haearn

hewl – heol

hwd – *hood*

hwpo – *push*

hwthu – chwythu

ishte – eistedd

Jag – car Jaguar

jeifo – *jive*

jip – *gypsophilia*

joglyd – dioglyd

jwge – *jugs*

llacs – mwd

lludu – lludw

llyched – mellt

mashgal – plisgyn

mashîn – *machine*

manyrs – *manners*

maldodi – *indulge*

mate racs – matiau wedi eu creu o
ddarnau o ddefnydd sbâr

myn–gu – mam-gu

Mynydd Llusu – y mynydd yn ymyl
Pentaircarn yn Nyffryn Aman
lle mae'r llus yn drwch

nedwydd – nodwydd

nrha'd/tra'd – fy nrhaed

oifad – nofio

ôr – oer

o's – oes

pafin – palmant

paste fale – tarten afalau

peishe – peisiau

Pentyrcan – Pentaircarn, mynydd
uwch ben Dyffryn Aaman

pice bach – pice ar y maen (*Welsh
cakes*)

pilo – *peel*

pishys – darnau

plinio – penlinio

plyfo – plufio

Polyn – Y Polyn, tafarn tu fas i Gaerfyrddin

potsh – hollol wlyb

priwn – eirinen wedi sychu- *prune*

pwno – curo

pych – peidiwch

racs -stribedi o ddefnydd wedi ei troi o gwmpas cudynnau o wallt ac yna eu clymu i greu 'ringlets'

reibina – Ribena

rowlo – rolio

rwm ffrynt – *front room*

rwto – rhwbio

rwtwch – rhwbiwch

rwyn – rhywun

sa'm – saim

sane – hosanau

sboner – cariad gwrywaidd

scimren – esgynbren, sef clwyd ieir

scholarship – arholiad ar gyfer mynediad i ysgol ramadeg

sêls – *sales*

sgitshe – esgidiau

sgwaryn – sgwâr

sgyrt – sgert

sha thre – tua thre/adref

sheri – *sherry*

shicôs – cyfforddus

shife – rhidyll

shifis – syfi (mefus)

shiglo – ysgwyd

shinog – disglair

shino – disgleirio

shwdwr – milwr

shwgyr – siwgr

siwrneiod – mwy nag un siwrnai

shwt – sut

sil – silff o dan ffenest -*sill*

slip – llithrig

slisho – sleisio

socan – *soaking*

sbeici – *spiky*

sbynj – *sponge* (teisen ysgafn)

staes – dilledyn i ddal y stymog mewn -*corset*

Stag – Y Stag and Pheasant, tafarn tu fas i Gaerfyrddin

stâr – grisiau

sticil – camfa

stitshis – *stitches*

stretsio – *stretch*

strôcs – *strokes*

strwodd – dinistriodd

swdle – sodlau

tedi bois – is-ddiwylliant o ddynion ifainc o'r 50au oedd yn diddori mewn cerddoriaeth roc a rôl

tegyl – tegell

thro'd/tro'd – throed

tshwps – yn fawr iawn

tsiest – *chest*

twmlo – teimlo

twtsho – *touch*

tyle – rhiw

tyma – tamed

tyrfe – taranau

wâc – tro

wa'd/gwa'd – gwaed

walydd – waliau

wanol/gwanol – gwahanol

wast/gwast – gwasg

wermwd lwyd – planhigyn chwerw
a ddefnyddiwyd i wella
anhwylderau -*wormwood*

wilo – chwilio

winceyette – math o ddefnydd
poblogaidd ar gyfer dillad nos

wishgers – *whiskers*

wislan – chwibanu

withe – weithiau

witho/gwitho – gweithio

wompen – anferth

wotsho – gwylio - *watch*

wyddo – chwyddo

wynnu – chwynnu

wys – chwys

ych – eich

Gwybodaeth am HONNO

Sefydlwyd Honno y Wasg i Fenywod Cymru yn 1986 gan grŵp o fenywod oedd yn teimlo'n gryf bod ar fenywod Cymru angen cyfleoedd ehangach i weld eu gwaith mewn print ac i ymgyfrannu yn y broses gyhoeddi. Ein nod yw datblygu talentau ysgrifennu menywod yng Nghymru, rhoi cyfleoedd newydd a chyffrous iddyn nhw weld eu gwaith yn cael ei gyhoeddi ac yn aml roi'r cyfle cyntaf iddyn nhw dorri drwodd fel awduron. Mae Honno wedi ei gofrestru fel cwmni cydweithredol. Mae unrhyw elw a wna Honno'n cael ei fuddsoddi yn y rhaglen gyhoeddi. Mae menywod o bob cwr o Gymru ac o gwmpas y byd wedi mynegi eu cefnogaeth i Honno. Mae gan bob cefnogydd bleidlais yn y Cyfarfod Cyffredinol Blynyddol.

Am ragor o wybodaeth ac i brynu ein cyhoeddiadau, os gwelwch yn dda ysgrifennwch at Honno neu ymwelwch â'n gwefan:

www.honno.co.uk

Honno
D41, Adeilad Hugh Owen
Prifysgol Aberystwyth
Ceredigion, SY23 3DY